KRISTIJAN OSTER

MOJ VELIKI STAN

S francuskog prevela
ALEKSANDRA MANČIĆ

IZDAVAČKO PREDUZEĆE „RAD"
BEOGRAD

Zovem se Gavarin, i hteo bih nešto da kažem.

Jedne večeri kada sam se vraćao kući, zastao sam pred svojim vratima. U stvari, to nisu bila baš moja vrata. Staklena, bilo im je dovoljno što zatvaraju hodnik u mojoj zgradi.

Toga dana imao sam na raspolaganju pet džepova, nijedan više, koje ovde neću popisivati. Preturao sam po njima, jedne naduvavao, druge spljoštavao, pravio ružne grbe na ovom ili izvrtao onaj, zavučen, izrezan uspravno na boku. Ništa. Sve, ako vam je tako draže, osim ključeva.

To je bilo uobičajeno. Retko kada sam ključeve stavljao u džep. Radije sam ih polagao u aktovku. Ali, negde sam zaboravio aktovku. Međutim, do tada nikada nisam izgubio svoju aktovku. To je ono što me je zaustavilo. Pred vratima.

Jer, ako sam bio ljut što sam izgubio ključeve, bio sam i razočaran, čak vrlo razočaran što sam ih izgubio u aktovki. To jest, zajedno s njom. Stvar je u tome što sam mnogo voleo svoju aktovku. Nisam nešto naročito voleo svoje ključeve, naravno. Bili su mi potrebni, kao i svima, ali ih nisam voleo, ne, nisam imao ljubavi za njih, u tolikoj meri da nikakav privezak nije ukrašavao njihovu alku, prema kojoj bih mogao priznati da osećam izvesnu privrženost. Naprotiv, jeste, voleo sam svoju aktovku. Uostalom, bila mi je potrebna, i to čak izvanredno potrebna.

U tim okolnostima, radije ću biti iskren. Bez svoje aktovke nisam bio niko i ništa. Osećao sam se go. Na primer, bez nje nisam izlazio. Čak ni po hleb, ako je u pitanju bio hleb, i tada bih je nosio sa sobom. Spustio bih hleb unutra, ukoso, okrajak bi poput pramca izvirivao iz otvora koji bi ostavio, prema njegovom obliku, spušten i zakopčan poklopac.

Zaista, do tada sam imao aktovku na zakopčavanje. To je bio moj izbor onoga dana kada sam je kupio, nisam želeo drugu. A potom, navikao sam se na to kopčanje, čak više aktovku nisam ni zamišljao nikako drugačije nego na kopčanje. Prisvojio sam tu aktovku. U nedostatku nekog potpunijeg određenja mene samog, čak nije preterano ni reći obrnuto, da je ta aktovka prisvojila mene. Ukratko, ja sam se ceo celcat, u sopstvenim očima, nalazio u toj aktovki.

Možda je, uostalom, govorio sam sebi katkad, baš zato bila prazna: u njoj nije bilo ničega, osim mojih ključeva, u toj mojoj aktovki. Zato da bih, bez ikakve sumnje, zamišljao sam, mogao verovati da sam sadržan u njoj, zajedno sa svojim ključevima. Tako sam, ukratko – taj način na koji sam se nastanio u svojoj aktovki, u svojoj, Gavarinovoj kući – bio sušta suprotnost uzdržanog čoveka. U stvari, Bog mi je svedok, nisam baš držao do toga da me vide s mojom aktovkom. Naprotiv, držao sam do toga da me ne vide, i pomisao da pogledi, kada se ukrste sa mnom, mogu da se zaustave na mojoj aktovci, a ne na meni, činila me je sigurnijim, čuvala me od pada. Jer, to je druga strana ove stvari, plašio sam se da ne padnem. Očekivao sam da ću pasti. Zapravo, već sam bio pao. Očekivanje najgoreg, nečega goreg od pada, i to sve padajući, eto to je bilo moje shvatanje života.

Kada sam shvatio da sam izgubio svoju aktovku, zajedno s ključevima, procenio sam da je moje najosnovnije pravo, u tim uslovima, da oklevam. Imao sam svest o svojim pravima. U svakom slučaju, nisam očekivao da ću dugo oklevati. Osećao sam se go, svakako, bez svoje aktovke, čak sam se pitao kako sam mogao stići dovde bez nje, a nije bilo ni govora o tome da me zateknu u ovom hodniku. Kratko sam oklevao, dakle, između dva rešenja koja su se nametala: ili da iziđem iz zgrade, da potražim aktovku i ključeve; ili da zatražim da mi otvore staklena vrata tako što ću pritisnuti dugme na interfonu.

Bilo je komplikovano, u stvari, napustiti zgradu i poći u potragu za aktovkom. Kao što se često dešava, nisam znao gde sam je izgubio. Naravno da sam mogao da razmislim o tome, napolju, u nekom mirnom kutku, gde ne prolazi mnogo sveta, bez svoje aktovke, dakle, ako mi An Lebedel ne bi otvorila kada bih pritisnuo dugme na interfonu. A da bih bio siguran, bilo mi je dovoljno da pritisnem to dugme.

Pritisnuo sam ga. An Lebedel nije odgovorila. Međutim, živela je kod mene. Volela me je. U svakom slučaju, ja, Gavarin, voleo sam nju. Eto zašto je živela kod mene. Zato što sam je voleo. Možda i zato što je ona volela mene. Ili zato što sam imao lep stan. U svakom slučaju, veliki stan. An Lebedel je možda volela moj veliki stan. Sve sam učinio za njega. Pokušao sam da učinim prijatnim svoj veliki stan. Uredio sam ga sasvim sam, pre dolaska An Lebedel. Predviđajući njen dolazak. U vreme kada je nisam poznavao, ja sam već iščekivao An Lebedel.

Njen dolazak usledio je ubrzo posle našeg susreta. Sve je to možda išlo malo brzo. Ali tome nisam ja bio kriv. Nisam prisilio An Lebedel. Prošlo je petnaest dana otkako se ona tamo bila uselila.

Isključivši mogućnost da je ogluvela, zatim sačekavši malo pre nego što sam prosudio da bi mogla upravo biti sprečena da čuje, ili da dođe da mi otvori, zatim ponovo pritisnuvši dugme, uzalud, zaključio sam da je odsutna. To mi se nije učinilo preterano. Ako pretpostavimo da je tako, onda će se An ili vratiti, ili se neće vratiti. Neće se više vratiti. Nikada. To mi se nije činilo neobično. Čak me je iznenadilo ono suprotno: to što se An vraćala, što se još jednom vratila našoj kući, što je produžavala moj san da ću je zadržati.

Kako bilo da bilo, smatrao sam, suočen s tom novom alternativom – An će se vratiti, ili se neće vratiti – da je bolje da razmislim izvan zgrade. Izišao sam, najneprimetnije moguće.

Napolju, bilo je to nekih pet minuta ranije, bučno, šareno, teško za disanje. Stanovao sam u živahnoj četvrti, na ivici gušenja. Ipak, tu je raslo drveće, na trgu na kojem mi je neko pružio neki papir. Zaustavite pokolj, pisalo je u suštini na papiru. Bila je to peticija. Bio sam podozriv. Osim što su me spazili, bez moje aktovke, nije mi se činilo da se jednim potpisom može zaustaviti pokolj, naročito ne iz takve daljine. Nije mi se činilo ni da je čovek s peticijom iskren. Objasnio sam mu da je za mrtve, tamo, u Africi, u svakom slučaju već kasno, i da bih, radi negovanja ranjenika, radi ishrane dece, uklanjanja muva, radije svratio u neku od priznatih organizacija koje prikupljaju sredstva. Čim budem imao sredstva, u svakom slučaju. Još nisam bio siguran neću li ih radije poslati svojoj sestri. Moja sestra je ostala bez posla – kao i ja, uostalom, ali ne govorim o sebi – živela je sa sinom u vlažnoj garsonjerici. Nije imala telefon, više nije odlazila kod frizera. Istina, to se nije moglo porediti. Ali to je bila moja sestra.

Uostalom, onaj čovek mi je pružio letak, a ne peticiju, i taj letak bih, da sam kod sebe imao aktovku, svakako stavio unutra.

Računao sam da ću iskoristiti, kroz manje od sat vremena, kada budem pozvao svoju kuću za pola sata kako bih proverio da li se An vratila, mogućnost da sa odstojanja proverim svoju telefonsku sekretaricu, u slučaju da se ona još nije vratila, i da vidim da li je ostavila neku poruku ili nije. To sam i učinio, kada sam se udaljio od svoje četvrti da bih potražio aktovku.

Vratio sam se u četvrt gde imam posao, ili tačnije, gde sam nekada imao posao, koji sam izgubio, pre aktovke, u srcu grada, nekoliko dana ranije. U svakom slučaju, manje mi je smetalo što sam izgubio posao nego što sam izgubio aktovku. Nisam držao do svog posla. Držao sam do novca koji mi je posao donosio, naravno, novca koji mi je omogućavao da plaćam stanarinu. Ali aktovka mi nije služila ničemu naročitom, u mom poslu. Nosio sam je na posao, nesumnjivo, kao i svuda sa sobom. Spuštao sam je kraj nogu pisaćeg stola. Bio sam službenik, još malo pa rukovodilac, u stvari. Kada je trebalo da me postave za šefa, oklevao sam, malo, kao ono pred vratima. To me je koštalo posla. Ne volim drugima da govorim šta treba da rade, kao ni da ih nadzirem. To me čini stidljivim. Nisam voleo da budem stidljiv. Nisam po prirodi bio stidljiv. Kad bi me ostavili na miru, nisam bio stidljiv.

An nije dizala slušalicu, ništa nije rekla s telefonske sekretarice. Nije se bila vratila. Pozvao sam iz govornice, u blizini nekog skvera. Ne verujući u to, naravno, krenuo sam ka klupi na kojoj sam, na skveru, sedeo sa svojom aktovkom, krajem popodneva. Ceo dan sam se vukao po gradu, i u trenutku kada sam se vraćao, u vreme kada se i An vraćala, u načelu, malo sam se zadržao na toj klupi. Zadržalo me je neko predosećanje. Pomisao – koju sam odmah odbacio – da se An, možda, neće vratiti, kada se ja budem vratio. Da se više neće vratiti. Da će biti svršeno s našom ljubavlju, kakva reč. Samo sam ja bio taj koji je govorio o ljubavi, u toj kući, već petnaest dana. An je, sa svoje strane, bila ćutanje, ćutanje i društvo. Jedva nekakvo prisustvo. Senka. Po mom velikom stanu, An je klizila, išla iz sobe u sobu. Sređivala, premeštala, nikako nije mogla da se skrasi. Nije ni počela da se useljava, ako ćemo pravo. Tražila je svoje mesto, kao da joj nisam ostavio sve, svako mesto. Ja sam ostao u dnevnoj sobi, prema desnom uglu kanabeta, nisam se micao dok je An neprestano klizila. Moguće je da bi me posle petnaest dana, pošto još nije bila našla nijedno mesto gde bi napravila svoj kutak u mom stanu, An Lebedel pitala da li mi ne bi smetalo, ukratko, kada bi ona nedaleko od mene iznajmila malu garsonjeru, ne bi li sačuvala nezavisnost. Dolaziće mi u posetu, naravno, čak će imati i svoje mesto, koje će lakše pronaći, u tim uslovima, u okrilju moga stana. Neku nišu, neki kutak, ništa više. Razboleo sam se od toga, kako ljudi mogu dotle da dođu posle petnaest dana. Ali nismo došli dotle. An je jednostavno otišla bez reči.

Uopšte nije bilo začuđujuće, to što je otišla bez reči. Teško, nema sumnje, ali nimalo začuđujuće. Kako bi nešto bilo rečeno, trebalo je, ukratko, da An progovori. Ali ona nije govorila. Ili jeste malo. Jedva da je i progovorila, An Lebedel, sa mnom, u mom stanu. Tek nekoliko reči. Zato da bi mi rekla, najčešće zaobilazno, da moj veliki stan nije lep. Nije po njenom ukusu. Pa, dobro, preuredi ga, rekao sam ja. Zašto ga ne preurediš? Ako treba predvideti neke prepravke, zašto mi ne kažeš? An, govorio sam. Zvao sam je An. Ona mene nije zvala. Nije odgovorila, prešla je na nešto drugo, nameštala uvojak u kosi. Baš volim, kao i drugi muškarci, kod drugih žena, pokret kojim ona namešta kosu, koja nikako da se namesti. Uvojak koji pada na slepo oko. Onu nikada nameštenu stranu, kod žena, nikada konačnu. Tu lepotu koja izmiče, nedoslednost te lepote. Kod najboljih među njima. Najlepših. Najvoljenijih.

 An Lebedel nije govorila, dakle. Ili jeste malo. Naročito u početku. Na samom početku, An nije kazala ništa. Ni reč. Nijednu od onih suštinskih reči koje ljudi najavljuju, u početku. Niti bilo koju drugu reč, naravno, iz straha da govoreći ne dotakne ono suštinsko, nije ga ni probudila u mom duhu. An Lebedel nije kazala ništa što bi moglo da probudi moje poverenje. To nikako. Ma koliko malo ja verovao. Za An, bilo je jasno, nije bilo ni govora da bih se ja mogao osloniti na nekakvu izvesnost. Nije, dakle, kazala ništa, u početku, o tom početku. Uistinu, nismo ni počeli zajedno. Ja sam mnogo čeznuo pre toga. Mnogo dana. Sa svakim danom koji bi prošao, više sam voleo An Lebedel. A ona, i dalje ništa. Nije se znalo. Teško je tumačiti njeno izvrdavanje.

Osim ako nije pobegla iz mog velikog stana. Uistinu, izvesnih večeri, viđao sam je samo u krevetu, gde se pretvarala da spava. Ja sam se pretvarao da verujem u to. Ona bi zaspala. Ali ja ne.

Pošto naša veza nije počela, nije ni čudo, u krajnjoj liniji, što se završila. Ili tačnije, što se završila u ekonomiji svoga početka. To je to, govorio sam sebi. Do sada nije ni počelo. A ovo što se dešava, ovde, sada, znači da neće ni početi. Neće postojati. Eto, to je budućnost.

Ipak sam verovao, u izvesnom smislu. Smislu strogo neophodnom kako bih An, njenim odsustvima, dozvolio mogućnost da i nije tako. Bila je tu, ipak. Mogao sam, dakle, da dozvolim mogućnost da to nije odsustvo. Ali to je bilo teško. Zbog njenog izgleda. Zbog njenog fizičkog prisustva. Što je An izgledala odsutnije, to sam ja manje zaboravljao na to da je ona tu, fizički. Postajalo je nepodnošljivo, to prisustvo. Ponekad, napuštao sam desni ugao na kanabetu, polazio joj u susret. Grlio sam je, otvoreno. Jednom sam vodio ljubav s njom. Potpuno sam zaboravio da još nije ništa rekla. Ja sam, međutim, vikao. Bacao sam An u lice presudne reči. Izgubljena stvar, znao sam. Zauvek. Ali barem to više nisam morao da obuzdavam. Moje oslobođenje, to je bilo to, u stvari, nešto što sam gubio, pred Aninim zatvorenim očima, u zamenu ni za šta. Na kraju krajeva, nije to ni bilo neko oslobođenje.

To me nije sprečavalo da ja govorim. Kada bih se vratio, sa svojom aktovkom, i kada bi An bila tu, pitao bih je kako je provela dan. An je radila kao prodavačica, kod nekog debelog cvećara. Prodavnica je bila sićušna. Jednoga dana, ušao sam tamo ne bih li kupio cveće u toj maloj cvećari. Hteo sam da ga poklonim An, koju sam video kroz izlog. Bilo je smešno, očigledno, i uostalom, nije se ni ostvarilo. U trenutku kada sam kročio na vrata, An je nestala u prostoriji iza radnje. Našao sam se pred debelim cvećarom, od njega sam zatražio šest crvenih ruža. Nema crvenih, ne. Ja imam osećaj za granicu. Pokušao sam da malo odugovlačim dok mi je cvećar pripremao buket, ne bi li An imala vremena da se vrati u radnju. Ali to nije lako, odugovlačiti, pred nekim cvećarom. U stvari je pre svega on, cvećar, taj koji je, dok mi je pravio buket, mogao da odugovlači preda mnom.

Ali živahan je bio, taj debeli cvećar, neverovatno preciznih pokreta. Nisam imao vremena ni da izvadim novčanik, a buket je već bio tu, spreman u mojoj levoj ruci. Samo mi je desna bila ostala da njome otvorim novčanik. Spustio sam novčanik na sto ispred tezge. Tražio sam sitan novac, s dva prsta, po svom novčaniku, sve držeći ga otvorenog uz pomoć trećeg. Čim bih našao odgovarajući novčić, novčanik bi se uvukao. Bio je to model na uvlačenje. Kupio sam taj novčanik na brzinu. Nisam razmišljao, toga dana. Prvo sam bio izgubio svoj novčanik, koji se nije uvlačio, bio mi je potreban drugi. Bio je to, dakle, slučajni novčanik, koji sam odmah našao na nekoj pijačnoj tezgi, kako bih u njega stavio sitan novac koji sam imao u džepu, novac pravo u džep, pa iz džepa u ruku koju sam stavio u džep. Smetao mi je taj dodir s novcem, pošto sam išao držeći ruku u džepu, dok sam u drugoj nosio aktovku. Stavio sam sitniš iz džepa u novčanik, osim onoga, naravno, koji sam platio za novčanik. Ukratko, nikako da nađem sitan novac u tom novčaniku, pred tezgom debelog cvećara. Tako sam uspeo, protivno svakom očekivanju, da ja budem taj koji je odugovlačio pred svećarom, i da An ostavim vremena da se vrati u radnju.

Nisam joj dao buket, očigledno. Pošto je to bila smešna pomisao, odustao sam od nje. Bacio sam cveće, napolju, u neku veliku zelenu kantu za đubre.

Eto tako smo se videli, prvi put, An i ja.

Zaista smo se upoznali tek kasnije, po zatvaranju radnje. Prišao sam joj. Rekao sam sebi da nemam izbora. Dozvoljavam sebi da vam se obratim, rekao sam joj sustigavši je na pločniku, pošto nemam izbora. Zaista sam pokušao da vam poklonim cveće, pre tri dana, ali nisam mogao, nije bilo moguće, vaš gazda je bio tamo. A osim toga, nisam se ni usudio. Svakako moram znati kako gledate na mene, sada. Ako biste to mogli da mi objasnite na nekom drugom mestu, u nekom kafeu, na primer, častio bih vas pićem, to bi vam uzelo svega nekoliko minuta, ali potom, razumete, bio bih miran, ostavio bih vas na miru.

Imate nameru da me ostavite na miru? kazala je An.

Ako treba, imam, rekao sam ja.

Onda možete odmah da počnete, kazala je An.

U redu, rekao sam ja.

Nismo odmah stupili u vezu. Morao sam još jednom da vidim debelog cvećara, i da od njega kupim cveće, kako bih ponovo video An, koja je znala za trik sa cvećem, sada, znala je kome je cveće namenjeno, i da joj ne poklonim cveće. Ali, od tada, nisam više mogao da je čekam posle zatvaranja. Užasavam se da navaljujem. Radije nego da čekam dok se ne zatvori, kupovao sam cveće, i nisam joj ga poklanjao, nego sam ponovo dolazio da ga kupujem, na kraju krajeva, lepo sam mogao da kupujem cveće a da kod An ne izazovem podozrenje.

Samo što je ona postala podozriva, zaista, i bila je u pravu, svakako. Mada ništa nije govorila, zbog gazde. Sve se dešavalo u pogledu, i razmene pogleda dugo su trajale između nje i mene, Gavarina, i prilično stroge su bile, te razmene pogleda. I, jednoga dana, u Aninom pogledu pojavila se svetlost. Od one vrste svetlosti koja ponekad prethodi osmehu, kod muškarca, osim što je ovde u pitanju bila žena, a kod žena je taj nagoveštaj osmeha kao nekakva pukotina, neki otvor, ponirao sam u njega, vratio sam se u vreme zatvaranja. Dobro, pet minuta, onda, kazala je An, imam sastanak.

Govorio sam mnogo te večeri, ceo sat, u stvari, pre nego što me je An napustila, i An me je slušala, čak mi je i odgovarala na pitanja, ali ih nije postavljala. An je počela, zato da ne bi ništa rekla, ili zato da bi rekla što je manje moguće, time što nije postavljala pitanja. I u stanu se to nastavilo, i ja sam nastavio da govorim. I sam se vraćao kući, sa svojom aktovkom, i kada je An bila tu, bila se uselila, ili je pokušavala da se useli, ja sam je pitao kako je provela dan, dakle, sa svojim debelim gazdom. Ali ona mene nikada nije pitala kako sam ja proveo dan. Uopšte je nije zanimalo da sazna kakav je moj gazda bio prema meni, Gavarinu, ni da li je debeo, da li je strog, da li ga viđam tokom dana. Nije je zanimalo ni šta ja radim, u mojoj kancelariji, i to što je njoj sve to bilo svejedno, meni je bilo svejedno, takođe, ali šta je s mojom aktovkom. Čudio sam se što An nimalo ne zanima moja aktovka. Ako je normalno da čovek uveče dođe kući, i da pođe od kuće, izjutra, sa svojom aktovkom, manje je normalno, smatrao sam, da pogled njegove partnerke, partnerke toga čoveka, nikada ne padne na tu aktovku, kao da ona uopšte ne postoji. Odnosno, ako aktovke postoje, pitao sam se, šta onda reći o mojoj, osim da je smeštena, u najmanju ruku, malčice iznad postojanja, da živi, i to stvarno. Ali to svakako nije ono što ja tražim od An, da primi k znanju kako moja aktovka, nesumnjivo, postoji izrazitije nego neka druga, ne, ja od nje tražim da prosto vidi da ona postoji, sasvim blesavo, kao bilo koja druga aktovka. Pa čak i ne tražim to od nje, samo priželjkujem, potajno. Ali ne. Ona je ne vidi.

Ponekad sam umeo i da požalim što moja aktovka, kad je spustim na pod, pored kanabeta, stoji uspravno sama od sebe. Njen skaj je, odista, bio ojačan, tako da je dno, između ostalog, moglo da joj služi kao postolje. Da sam imao neku mlitavu aktovku, od platna, na primer, i bez ojačanja, takva bi aktovka neizbežno padala. An nije mogla, na duže vreme, a da ne počne da se pita kakva je to aktovka, kad leži na boku, ili se srušila, čime bi odala da ne sadrži ništa. Na kraju bi postavila neko pitanje. A postavljati pitanja o praznini, u mojoj aktovki, to bi značilo približiti se meni, Gavarinu.

Ali isključio sam mogućnost da promenim aktovku zato da bi nova mogla da se sruši, makar to bilo i zato da bih iz An iščupao neko pitanje. Kod mene je ta stvar, moja aktovka, moj model aktovke, bila tačka o kojoj se ne raspravlja, tvrd orah.

U međuvremenu, An je savršeno ignorisala moju aktovku.

Još manje se moglo zamisliti, naravno, da je ona u mom odsustvu otvori kako bi me malo bolje upoznala. An Lebedel je bila potpuno ravnodušna prema meni. Čak sam se pitao šta uopšte radi kod mene, osim što malo opipava, onako mlitavo, taj krov nad glavom koji sam joj ponudio kako bih video podrazumeva li ona da će se tu zadržati. Uostalom, čak i ako nije želela da me upozna, mogla je pokazati, poput bilo koga drugog, malo radoznalosti prema mojoj aktovki. Odista, bilo ko drugi bi, neminovno, da se našao na mestu An Lebedel, otvorio tu aktovku u mom odsustvu.

Bilo ko drugi, osim An.

Samo što ja nju ne poznajem, govorio sam sebi. Ne mogu čak ni da predvidim bilo koju njenu reakciju ili želju. Ako se desilo da ju je otvorila, moju aktovku, krije to od mene. To bi, uostalom, moglo objasniti njeno ćutanje, mislio sam. Ta praznina, u mojoj aktovki, da, govorio sam sebi – ne verujući ipak u to zaista – lako bi mogla objasniti njena ćutanja. Pa čak i to ćutanje tu, ovo, govorio sam sebi, koje stavlja nasuprot meni, sada. To ćutanje, ne o praznini moje aktovke, nego o odsustvu nje, An Lebedel. Moja aktovka, ne praznina moje aktovke nego odsustvo moje aktovke, govorio sam sebi, lako bi moglo objasniti Anino ćutanje o odsustvu nje, An, i mogućnost da je ubacila neku reč, u mom odsustvu, o svom odsustvu, odsustvu An, u moju aktovku. I eto, govorio sam sebi, eto, možda, jeste, eto zašto moram, ukoliko ne pronađem An, da pronađem aktovku. Zato što je u nju ubacila neku reč, jutros, pre nego što sam pošao na posao, na mesto gde radim. Neku reč objašnjenja. Na primer, neku reč oproštaja. U stvari, to bi bilo idealno. Savršenstvo u neuspehu.

Eto to sam u stvari sada tražio. Savršenstvo. I svršetak. Zato što je mojoj nesreći, jeste, te večeri nedostajalo nešto kako bi bila potpuna. Jedna reč, samo jedna reč, možda.

To nije izvesno, u svakom slučaju, govorio sam sebi. Predvidim li najgore, ili najbolje, kako želite, ako ikada budem imao sreće da pronađem tu reč, u svojoj aktovki, zajedno sa svojom aktovkom, oporaviću se. Znam ja sebe. Katastrofa, to nije nešto što izlazi daleko izvan za mene uobičajenog. Znam ja šta je katastrofa. Ono što ne znam, naprotiv, u svojoj nesreći, ono što bih voleo da spoznam, uistinu, jednom za svagda, to je pakao. Ali bih svakako umeo da ga prepoznam, i u tom pogledu, nisam ni blizu. Tja, rekao sam sebi. Možda je količina to što mi nedostaje. Nagomilavanje. Pakao, u krajnjoj liniji, možda predstavlja samo nekakav zbir. Nešto prepuno. Možda je dovoljno čekati.

Ima, međutim, jedna stvar koja mi smeta, govorio sam sebi. U stvari, ne verujem mnogo u tu priču s jednom rečju. Osim toga, gotovo da nemam ni najmanju šansu da pronađem svoju aktovku. Ono što je izvesno, naprotiv, to je da, ako se An ne bude vratila kada je budem još jednom pozvao, evo sad odmah, ni ja se neću vraćati. Nema ni govora o tome da se vraćam u prazan stan, ispunjen njenim odsustvom. Čak i ako pronađem ključeve, u svojoj aktovki.

Onda možda i nema potrebe da pronađem ključeve. Jer, čak i ako bih ih našao, An nesumnjivo ne bi bila tu kako bih joj rekao, na primer, našao sam ključeve, bio sam ih izgubio, i sve ono što sam morao da joj kažem, zato što mi se događa u ovom životu, u ovom životu s njom, koji više neće biti moj život s njom, naime, zato što ona neće biti tu, pa prema tome neće ni biti potrebe da joj govorim. Ali čak i da je tu, govorio sam sebi. Ne bi me slušala. Eto šta mi se desilo danas, u ovakvom životu kakav je moj, sada, s tobom, izgubio sam ključeve, pa sam ih potom našao, neverovatno, zar ne, rekao bih joj, i ona me ne bi slušala. Ne. Samo, aktovka me muči. Šta da uradim da se domognem aktovke?

Znam, rekao sam sebi.

Pre skvera, popodne, napravio sam predah. Skver, to nije bio predah, to je bila stanica. Seo sam na tom skveru zato da bih razmislio. Ne u kafe. U kafe sam seo zato da bih nešto tražio od konobara. Za piće, naravno, nisam mogao da tražim bogza šta drugo. Zatim, dok sam pio, mada nisam bio žedan, posmatrao sam konobara kako ide tamo-amo. Ljudi su ulazili u kafe, čekao sam da ih vidim kako izlaze. Kada sledeći bude izišao, rekao sam sebi, izići ću i ja. Ali kada je sledeći izišao, ja, Gavarin, ostao sam. Čekao sam sledećeg. I tako redom. Nikako da iziđem iz kafea. Na kraju sam izišao kada je neko ušao. U svakom slučaju mi je bio potreban neki orijentir. Uostalom, bilo je teško. Nije lako izići kada neko ulazi, rekao sam sebi. Onaj utisak da nam nešto nedostaje, u svakom slučaju. I onaj bolni osećaj razlike. Onaj značajni otklon, onaj ponor koji vas od tog trenutka razdvaja od onoga ko ulazi, dok vi izlazite.

Nisam mnogo mislio na svoju aktovku, u tom kafeu. Naprotiv, ona mi je omogućavala da ne mislim. Osim toga, bio sam previše obuzet drugima. Mogao sam, dakle, lako da zaboravim na aktovku. Ili, ako vam je tako draže, da se zaboravim. Dešava mi se to. Svodi se na isto.

Najbolji način da saznam, za aktovku, bio je da se obratim konobaru. Ušao sam u kafe. Ali konobar nije video moju aktovku. Ama jeste, podsećao sam ga, aktovka na zakopčavanje, mrke boje, s trouglastim poklopcem. Ne, rekao je konobar. Odmahivao je glavom. Prestanite da odmahujete glavom, rekao sam mu, shvatio sam, u redu.

Izišao sam.

Pitao sam se, ta moja aktovka, kako je konobar mogao da je ne vidi. Odavno sam bio ubeđen da samo ja, Gavarin, prolazim neopaženo. Ali da moja aktovka, naprotiv. Tja. To je samo konobar, na kraju krajeva, rekao sam sebi. Ne šetam se ja sa svojom aktovkom radi konobara. Ima drugih, na sreću.

Ponovo sam pozvao telefonom svoju kuću. Tišina. Oko mene, u meni, moram priznati, padala je noć. Bilo je kasno. Kasno, i u mom životu, isto tako. Sačekao sam da taj osećaj postane razgovetan. Nije postao razgovetan. Sada sam, takođe, čekao da nesreća prestane da mi lupa na vrata. Da dobije oblik. Čira, možda. Da, rekao sam sebi. To bi moglo biti to. Nešto fizičko, gde misao više neće ulaziti. Gde više neće moći da uđe. Ne. Imam potrebu za mišlju, rekao sam sebi. Ili, tačnije, nemam potrebu da mi oduzmu misao. Potrebno mi je nešto drugo. Odjednom, eto. Imam potrebu da budem na zemlji. Ovakav kakav sam, ovde, osećam da sam kadar da nastavim. Čak, da ništa ne mogu ni da učinim osim da nastavim. Neka je i tako, rekao sam sebi. Nastavimo. Vrebajmo tu priliku. Čuvajmo nadu.

Sada sam, po žutim ulicama, pod odsjajima, prosto koračao. Nisam više tražio svoju aktovku. Tražio sam neki hotel. Moja aktovka, to je bila svršena priča. Zaboravljena. Izbrisana iz mog života. Stajao sam go, naravno, bez nje. Nikako da se naviknem na to. Nije mi nedostajala moja aktovka. Ne. Nedostajala mi je naprosto aktovka, bilo koja.

Sutradan ću kupiti drugu.

Čak i kada bi se An sada vratila, kupio bih drugu.

Zvao sam An iz nekog hotela, prvog na koji sam naišao. Daleko od moje kuće, u nekoj mračnoj ulici, gde se natpis slabo video. Još se nije vratila. Neće se više vratiti. Kad sam spustio slušalicu, rekao sam recepcioneru tri reči. Rekao bih tri reči bilo kome, bilo koje reči. Recepcioner nije odgovorio, spavao je sedeći. Još nije duboka noć, rekao sam, ipak. Ipak ne spavate, tu, da li biste bili ljubazni da mi odgovorite. A ovo ovde, rekao je recepcioner, da li biste to voleli na svojoj njušci? Otvorio je jedno oko, pokazivao pesnicu. Zašto da ne? rekao sam ja. Recepcioner je ponovo zatvorio oko. Idite na spavanje, rekao je, imate ključ, znate broj sobe, ostavite me na miru. Šalio sam se, rekao sam ja.

Soba je bila mala, ružna, ćoškasta. Nisam oprao zube, nisam imao četkicu. U svakom slučaju, između zuba, kuda sam prevlačio prstom, ipak, prstom na koji sam prethodno pustio vodu, onu iz česme, koja je cvilela, nije se zavukao nikakav otpadak. Nije ni čudo, nisam bio večerao. Ručao sam, međutim, ali ništa nije zaostalo, ništa što bi moj kažiprst mogao da napipa. Bio sam zadovoljan što sam preskočio jedan obrok. I to je početak, rekao sam sebi. Početak čega? rekao sam sebi. Gladi, šalio sam se. Ozbiljno, lako sam mogao sebe da zamislim kao asketu. Ali nisam bio gladan. A da li ću biti gladan sledećeg dana, izjutra, o tome nisam imao iluzija. Ješću. Bilo mi je potrebno malo više, ipak, kako bih preskočio dva obroka. Malo više od odsustva neke žene, makar to bila i An Lebedel, koju sam voleo. Bio sam savršeno kadar da volim, da i dalje volim An Lebedel, uprkos njenom odsustvu, uprkos tome što patim voleći je utoliko više zato što je odsutna. Bio sam savršeno kadar da patim, da nastavim da patim, da napredujem u patnji. I ova prva suza što mi je pošla, ovde, sada, iz ugla oka, malo napred, kad se sve sabere, zato što je An, u krajnjoj liniji, možda bila sprečena da se vrati, naprosto, govorio sam sebi, ne isključuje da će doći i druge suze, teže, dalekosežnije.

Jer, umeo sam ja da plačem, umeo sam čak i da plačem, nije mi bilo zabranjeno ništa od onoga što omogućava da se prihvati bol, da joj se pristupi. Bol je bila moja kvadratna livada. Tačnije, partnerka. Umeo sam da je prihvatim. Kada bi ona dolazila, ja bih predvideo njen dolazak. Poznavao sam njene znake, njene manire. Ona za mene nije imala tajni. An, time što me je napustila, samo me je zbližila sa boli. Mogao sam da joj zahvalim na tome. Vratila mi je utehu patnje. Onu naviku da patnja bude u meni, nemirna, i želju da iziđe. Onu neobuzdanu volju koja se vrti oko same sebe, u mozgu. Onu želju da kriknem, uvek zadovoljenu, kada se sve završi. Ono toplo uživanje u kriku, kod mene.

Imam sreće, govorio sam sebi. Večeras spavam u ovom groznom hotelu, između dva košmara, ne znam koja, pošto se moja mašta muči, muči se da zamisli najgore, a sutra ću zvati odavde, svoju kuću. An će mi odgovoriti ili neće, ostavlja me ili me je ostavila, ili će me, u svakom slučaju, ostaviti, i kupiću sebi neku aktovku.

Ujutro sam, dakle, zvao. Zatekao sam poruku, na telefonskoj sekretarici. Tražio sam gde ću sesti, ali nije bilo stolice, pored telefona. Poruka je bila kratka, previše kratka. Morao sam ponovo da je preslušam. Nije bila An. Bila je to neka druga žena. Koja druga žena? rekao sam sebi. Nejasno je izgovorila svoje ime. Bilo je to davno, govorila je. Ne znam da li me se sećaš. Marta, kazala je, ili Magi, ili možda Žorž, ipak Žorž. Ne. Evo ti moj telefon, kazala je.

Bio je to telefon u Parizu. Bila je to neka tako davna žena, tako daleko u mom životu, očigledno, da sam se mučio da joj prepoznam ime, onako nejasno izgovoreno u poruci. Utoliko pre što se ne sećam nijednog ženskog imena, nijednog lica. Tek ako sam se sećao nekog mirisa, komadića kože, dojke, da, možda, rekao sam sebi. Strogo uzevši, jeste, možda dojke, vidim jednu dojku, sada, rekao sam sebi, tačno, čak i obe, kad bolje razmislim, bila je to devojka sa izvanrednim grudima, sad se prisećam, ako su u mom životu postojale neke dojke koje su mi bile važne, onda su to te, vretenaste, teške, a uz to još i ona jedva primetna razlika između jedne bradavice i druge, koja je predstavljala ogromnu razliku, tačno, onaj raskošni poklon kakav mi potom više nijedna žena nije učinila, to što me je navela da mislim, ako sam joj dodirnuo jednu dojku, to ne znači da sam završio obilazak njenih grudi, nego je, naprotiv, korisno da se i druga razmotri u svojoj jedinstvenosti, ne kao nekakav dodatak što, u suštini, ne pronalazi svoj smisao ni u čemu drugom osim u tome što je uhvaćen u dvojnost koja je uvek pomalo nezgodna, gde oko, kao ni ruka, kao ni duh, ne uspevaju da otpočinu, ako uzmemo da je to troje savršeno kružno ravnopravno sa predmetima za kojima žude, koje dodiruju, koje poimaju. I da nikada nije moguće, zar ne, da oni budu svedeni, razdvojeni, pošto se tome uvek protivi, neizbežno, poput kobi, njihova sinteza.

Jeste, rekao sam sebi, u krajnjoj liniji, daleko je sve to, daleko je vreme kada mi je neka žena, nekog dana, učinila tu vrstu poklona. Vrlo brzo su prestale da mi čine poklone, uostalom, nikada nisu bile tu na moj praznik, na moj rođendan, pošto je daleko. Najgore je to, govorio sam sebi, što sam ja, uprkos sudbini, na fizičkom planu, prilično predusretljiv, uz to moćne građe, i mada mi to nije bilo u naravi, ali je postalo moja narav, s vremenom, svakako će mi biti dozvoljeno da budem voljen, ali eto, nisam, nisam voljen, to mora da me pogađa, previše sam ljubazan, nema sumnje, previše zaljubljiv, uvek ista priča, ljubav je ono što najviše nedostaje, onima koji vole, ah, rekao sam sebi, evo sad sam se setio. Marž. Zaboravio sam Marž. Ona me zove, ona traži da je pozovem. Koliko li sada može imati godina? Bože moj, rekao sam sebi, koliko i ja, naravno, vršnjaci smo, kako je to moguće, kako je mogla toliko da ostari, ne mogu da verujem. Mora biti da je udata, ima decu koja su mogla da budu moja deca, muža koji bi mogao biti moj otac, volela je zrele muškarce, osim mene, na sreću, smatrala je da sam star, već u dvadeset i petoj godini, moj ozbiljan izgled ju je uzbuđivao, to ju je bacalo u oduševljenje, moj ozbiljan izgled, smejala mu se, na početku, a zatim. A zatim ništa. Izgubili smo jedno drugo iz vida, više ne znam kako.

A uostalom, rekao sam sebi. Uostalom, Marž nije imala tako lepe grudi. Pobrkao sam. Ona s grudima, ta mora biti da je bila neka druga. Čije ime mi izmiče, jeste. Ali ne Marž, ne. Grudi, kod Marž, sad se prisećam, nisu bile nešto naročito, neko odsustvo, u najboljem slučaju, jedinstvenost one vrste odsustva kod žene, uzbuđenje koje ono izaziva, možda previše neuhvatljivo, uostalom. Nisam voleo Marž onako kako je trebalo. Ona je ta koja je. Nego šta nego je bilo davno. U vreme kada nisam znao šta treba da radim, da bih voleo. Koliko sam samo napredovao, od onog vremena, u toj oblasti.

Samo što nije Marž ona koju volim, prisetio sam se. Nego An, koja se ne vraća, koja mi ne ostavlja nikakav znak. Koja se neće vratiti. Otišla je nekome drugom, eto. U međuvremenu, mora biti da je kod svog cvećara. Hajde da prošetamo, rekao sam sebi. Da vidimo. Za aktovku ću se pobrinuti kasnije.

Video sam je. Bila je tamo, kraj cvećarovog izloga. Ona, u stvari, nije bila cvećarka. Osim toga, kod tog cvećara je bila sekretarica. Ili prodavačica. An nije imala prtljag. A ne kao ja, osmehnuo sam se. Mislio sam na svoju aktovku. Ali pre svega na An, koja nije imala prtljaga. To mi se dopadalo. Jednostavna devojka. Nimalo glupa, očigledno, s karakterom, a pre svega, dobrog izgleda. Nije da je bila lepa. An nije bila lepa, ne. Bila je privlačna. Praznog izraza, u početku, a zatim onaj pogled. Kad vam se pogled ukrsti s njenim. To se dešavalo tako retko, da ukrstite svoj pogled s njenim, da biste, kada bi vam se pogledi ukrstili, imali utisak da ste uhvatili njen. Da ste ga se dokopali. To je bar utisak koji sam ja imao, jednom. Da sam video, a potom i sačuvao – malo sećanja, eto, to je sve – Anin pogled. Moja ljubav, prema njoj, funkcionisala je na pogon sećanja. To je način da sačuvate želju u sebi, uprkos njenim odsustvima. Samo sam veoma retko, kasnije, sretao Anin pogled kako bih iz toga mogao da zaključim da se taj pogled na meni zadržavao. Baš kao što se ni An, kod mene, nije zadržala. Ali na kraju krajeva, taj pogled mi je ostao u glavi. I nisam bio spreman da ga zaboravim.

Morao sam da se setim, već jednom, kad sam se ukipio na pločniku preko puta radnje. Dobro je počelo. Nisam video Anino lice, koje je nestalo iza pet cvetova. Ruže, opet. Lišće, pre svega, ono je skrivalo An od mene. I kupac, i on ju je skrivao od mene, i stekao sam utisak da ona umeće najveći mogući broj stvari, predmeta, bića, između mene i sebe. Nikada nije morala ni da se upinje, radi toga.

Zatim je kupac, neizbežno, platio cveće i izišao. An mi se ukazala iza tezge. Skupljala je lišće, opalo lišće. Gledala je kroz prozor, sanjalačkog izraza, ne znam da li ova reč odgovara, u svakom slučaju, još me nije videla. Gazda je ostao nevidljiv, možda je bio odsutan, naprosto.

Morao sam da pređem ulicu. Morao sam, štaviše, kako bi me videli, i da otvorim vrata na radnji, tako da je zvono, koje su vrata pokrenula, zazvonilo. I opet me nije odmah videla. Onda nije poverovala da bih to mogao biti ja. Shvatio sam to. I ona je uvek imala muke, na svoj način, da poveruje u moje prisustvo.

To sam ja, bio sam prinuđen da kažem kako bih i sam poverovao u to, u svoje prisustvo. Osećao sam da sam tako daleko, u toj radnji. Kao na onim mestima koja smo poznavali i koja smo napustili, i na koja se vraćamo, ali su se ona promenila, već su drugi ostavili svoj trag na njima. To sam ja, rekao sam, dakle, mada je očigledno trebalo da kažem To si ti. To si dakle ti. Ti, u ovoj radnji, otišla si bez reči, vratila se u ovu radnju kao da se ništa nije desilo.

Vidim, vidim da si ti, rekla mi je An, sama sam, jutros, nemam mnogo vremena. Nisam htela da ti smetam, sinoć.

Umalo je nisam upitao zašto. Zašto nije želela da mi smeta. Ali uzdržao sam se. Znao sam šta bi mi rekla, ili tačnije, šta mi ne bi rekla. Ne bi mi rekla: Nisam se usudila da ti smetam time što bih ti rekla da te napuštam. Ne bi se usudila da mi to kaže. Uostalom, to i nije ono što je mislila. Ali to mi umalo nije rekla. I meni je bilo draže da ne čujem tako nešto. An nije, u njenom pogledu to je izgledalo jednostavno, marila što me je napustila. Nije htela da mi smeta, u krajnjoj liniji, time što bi mi kazala da me napušta i da zbog toga ne mari. Ljudima smetate samo zbog ozbiljnih stvari. A to što me je napustila, nije bila ozbiljna stvar, za An. Zacelo je mislila da bih posumnjao da me zaista napušta. Bila je u pravu. To bih rado priznao. Ukratko, savršeno smo se slagali, slagali smo se oko toga da me ona napušta, i da ja patim zbog toga, i da ona ne treba da se zamajava oko takve sitnice. Složili smo se da ne kažemo više ništa, sada, i da ja odem. Da napustim radnju. U redu.

Vidi, vidi, rekla mi je, nemaš aktovku.

Ovo je ipak za mene krenulo malo brzo. Dobro sam znao da je prirodno ako se čovek zanima za ljude kada ih napusti – to je sasvim prirodno, oni za nas nisu više ništa, možemo ih ispitivati, odgovori ne bole, ne povređuju – išlo je, dakle, malo brzo, rekao sam, a što se tiče moje aktovke, baš i nisam imao spreman odgovor za An. Istinu govoreći, nisam imao nikakav odgovor ni na šta, i morao sam da razmislim. To me je, moram priznati, oneraspoložilo. Bio sam nesrećan, naravno, izvanredno mnogo, nema sumnje, mislim da je to jasno, ali loše volje, ne. Pre će biti da sam gledao u provaliju koja se otvarala preda mnom sa smirenošću koju mi je uvek donosila izvesnost da ću u nju propasti, i onako potpuno predat prihvatanju stvari, kakav sam bio, čak sam počeo i mentalno da napuštam radnju razmišljajući o An, o jedinoj uspomeni na nju koju ću sačuvati, surovu, dakle, kad me je An, iznenada, stvarna, živa – mada je previše reći tako nešto – prisutna – znam ja šta pričam – zaustavila i postavila mi pitanje.

Kada je pitanje postavljeno, naravno, očekivao sam da ću na njega odgovoriti. Pošto sam već bio pošao, nisam hteo da se iskradem. Ali daleko od toga da sam želeo da An pričinim zadovoljstvo, to se lako može shvatiti. I da joj isporučim istinu. Mada nisam zadrti moralista, smatrao sam da je ona ne zaslužuje, tu istinu. A naročito ne moju.

Nemam više aktovku, rekao sam.

Ton koji sam upotrebio bio je nedvosmislen. Jedino što je An mogla da shvati, bilo je to da sam odlučio da više ne izlazim s aktovkom. Nije mi postavila drugo pitanje.

Rastali smo se bez ijedne dalje reči, mada sam pogledom pokušavao da pokažem svu napetost situacije koja, zato što se okončava, nije ništa manje dostojna, činilo mi se, da proizvede neki odjek. Neku vrstu epiloga, ukratko, koji sam završio tako što sam okrenuo leđa. Sve do vrata, rekao sam tada sebi, nećeš se okrenuti. Stigao sam do vrata. Sada ćeš proći pored izloga, rekao sam sebi. Pet metara, nije to kraj sveta. I, na trećem metru, okrenuo sam se. Ali, odmah kažem, to sam učinio namerno. Predomislio sam se. Bez ikakvog razloga, rekao sam sebi na trećem metru. Nema nikakvog razloga da, pod izgovorom da me neka žena ostavlja kao psa, ne poklonim sebi poslednju patnju da joj posvetim jedan pogled. I pogledao sam je, dakle. I to me je zabolelo. Utoliko pre što ona mene, već, nije više gledala.

Ušao sam kod prvog frizera. Bila mi je potrebna promena na glavi. U životu sam često odlazio kod frizera, naime, ali nikada kod istog. Nisam voleo frizerska pitanja. Srećom, poslednjih godina, saloni su se namnožili. Ljudi se samo friziraju. To je bio moj način da budem kao ceo svet, to što sam se frizirao. Sasvim kratko, rekao sam.

Izišao sam sa slabim žaljenjem. Što nisam istegao vrat pod brijačem. Frizer je, kako bi dovršio, upotrebio brijač, pravi, starinski, jedan od onih brijača što, kada se otvore između dva prsta, u najboljem slučaju podsećaju na stilizovanu lastavicu, u najgorem, na pticu zloslutnicu. Gledao sam na to dobronamerno, a osim toga, plašim se sopstvene krvi, i prestao sam da se poigravam pomišlju na taj brijač. Ali moje žaljenje, napolju, i samo je veoma brzo prošlo. Sve prolazi, rekao sam sebi, na sreću.

Tek tada, ne znam zašto, pomislio sam na svoje ključeve, na duplikat ključeva koje sam dao An. Nisam se setio da ih tražim od nje. Nema sumnje, rekao sam sebi, ostavila ih je u stanu. To bi bilo logično. U svakom slučaju, ako je nameravala da me napusti, kada me je napustila, sinoć, ključeve je ostavila u stanu. Osim ako ih u rasejanosti nije zadržala kod sebe. To bi sasvim ličilo na nju. Uostalom, svejedno mi je. Ti ključevi mi nisu bili potrebni. Više mi nisu potrebni ni moji. Nikako nisam imao želju da se vratim kući. Ako ćemo pravo, mogao sam da svratim kod bravara, bravar, to nije kod kuće, to je neka vrsta predvorja u odnosu na kod kuće, to bi mi omogućilo da malo sačekam da poželim da se vratim, onoliko vremena koliko mi je potrebno da mu objasnim, tom bravaru, i da mi on otvori, ali ne: u njegovim očima zacelo neću biti uverljiv, nesumnjivo neću izgledati dovoljno željan da se vratim kući kako bi bez oklevanja krenuo da mi otvori vrata. Tražio bi mi dokumenta. Neka, hvala.

U svakom slučaju, rekao sam sebi, to što sam izgubio ključeve poslužilo je bar tome da se ne vratim kući, sinoć. Da sam se vratio kući, manje brzo bih posumnjao da me je An napustila. Dakle, dobio sam u vremenu, i time sam prilično zadovoljan. Osim ako nije odnela svoje stvari, što je, uostalom, najverovatnije, a onda bih to smesta primetio. U tom slučaju bi ostavila nešto odeće ili predmeta, naravno, opet iz rasejanosti. Taman toliko da primetim da nešto nedostaje. Razlog više da se čovek ne vraća, rekao sam tada sebi, razlog više da se ne vraćam, da započnem s pokušajima da je zaboravim. Što neće biti lako, znam, tačno tako, zato treba smesta da počnem. I, dok čekam da je zaboravim, kupiću sebi aktovku. To će uvek biti činjenica.

Ušao sam, dakle, kod prvog trgovca kožnom galanterijom, čak nisam ni pogledao u izlog, nisam imao naročitih želja u pogledu modela. Jedna stranica je okrenuta, ukratko, i, oslobodivši se svih briga, osećao sam se bolno nov. Nisam imao nameru da oklevam, što se tiče aktovke. To je to, rekao sam, kada mi je prodavačica pokazala šest modela, dajte mi bilo koju, sasvim će mi odgovarati.

Insistirao sam, međutim, da model koji mi je dala – najskuplji, ali to nisam mogao da joj zamerim – isprazni od novinske hartije zgužvane u loptice, kako bih proverio njenu čvrstinu. Bila je to teška aktovka, zaključio sam, solidno napravljena, i, čak i prazna, odavala, tamo u dnu ruke, utisak da nije takva. U izvesnom smislu, to mi je više odgovaralo. Izišao sam s aktovkom, onako teškom u dnu ruke, i rekao sebi da je sada vreme da telefoniram Marž.

Ovde, ne bih voleo da se ljudi prevare: mislio sam na An. Zato što sam mislio na An, odlučio sam da telefoniram Marž. Ova poslednja nije mogla da izbaci onu prvu. Jedna je, naprotiv, vodila drugoj. Vodila je njoj logično, kao put koji je bio moj i gde sam, povređen — do čega su doveli moji uzastopni sukobi sa ženama — za sobom ostavio mrtve. Jer An, ako je živela u meni kroz povređenost, time nije bila ništa manje mrtva, zakopana pod tonama lucidnosti, konačno izgubljena za onu vrstu muškarca kakav sam bio ja, onako naučen da su stvari nepromenljive. An se neće vratiti, bila je daleko, sada, pretvorena u tvrdi kip neuspeha, ili, ako vam je tako draže, u figurinu koja se vrti u spirali propasti, ali, u svakom slučaju, pred odricanjem od sadašnjosti i budućnosti, prošlost je, nemajući kud, uvlačila u sebe, i ja nisam imao nikakav drugi, uostalom, znamenit, napor koji bih uložio, osim da se krećem u suprotnom smeru. Halo, rekao sam tada iz neke govornice, ma koje, prve koja se ukazala, i gde nije bilo nikoga osim mene da me vidi, pa, sledstveno tome, ni da sudi o meni. Ja sam, Lik.

Nisam naleteo, na svu sreću, na telefonsku sekretaricu. Nisam naleteo ni na sestru, muža, ljubavnika, kućnu pomoćnicu. Ne, na drugom kraju veze bila je Marž, njen glas, svakako izmenjen, promukao, malo izanđao, ali je to zaista bila Marž, neverovatno, i pitao sam se šta se dešava. Nije baš uobičajeno, ako ćemo pravo, da mi, pošto mi je ostavila poruku da je pozovem, neka žena koja je iščezla iz mog života deset godina ranije tako spremno odgovori, kao da, ne zadovoljavajući se time što je stvorilo takvo čudo, Nebo, u svojoj beskrajnoj krotkosti, treba i da potpiše potvrdu o tome. Ma koliko malo bio sklon takvim stvarima, morao sam reći da sanjam. Ali ja nikada ne sanjam. Ja snimam. Preduzimam nešto. Pa onda dodajem, ili oduzimam. To je moj život.

Eto, govorila mi je dakle Marž, koju sam slušao, ne verujući u to previše, ali ipak verujući, pošto je to bila ona, ta žena iz prošlosti, rđavo rekonstruisana u lošem svetlu, sa osrednjim zvukom, ne naročito vernim, u najmanju ruku, eto, govorila mi je, gledala sam televiziju, sinoć. Bio je to neki televizijski film s nekim glumcem, više mu ne znam ime, viđa se ponekad, liči na tebe, zato sam poželela da te pozovem.

Suzdržao sam se. Ne volim previše poređenja, ali sam, ipak, upitao Marž da li je glumac lep. Zavodljiv, rekla mi je Marž, zavodljiv, u suštini, znaš, onaj tip što igra sporedne uloge, često je komesar, ili ministar, uvek kratke kose, jeste, potvrdila mi je, kao da bih se usudio da postavim još neko pitanje, dobar je, svakako, ipak te ne bih zvala da je loš.

Tu sam, uprkos mračnom, dalekom glasu koji je njenim rečima davao težinu koju nisu imale, poput lagane sintakse koju je približan prevod opteretio teškim izrazima, prepoznao Marž. Njenu logiku, donekle posebnu. Njenu neposrednu stranu, i nje sam se prisetio, koja me je u ono vreme zaprepašćivala. Danas nema opasnosti od toga. Ništa me nije zaprepašćivalo. U stvari, govorio sam sebi, ništa me ne zaprepašćuje. A ipak me sve pogađa. Tako je to. Kako si ti? rekao sam joj, što je samo način da utičem na razgovor do kojeg mi nije stalo da se dalje razvija, da bude duži, da zauzme središnje mesto. Imaš li dece?

Dvoje, rekla je, i ja sam ćutao. I muža, dodala je. Ljubomoran. Komplikovano je to. Možemo li da se vidimo?

Da se vidimo? rekao sam ja.

Da, rekla je ona. Da se sretnemo.

Mora biti da je to moguće, rekao sam ja.

Jesi li oženjen?

Ha? rekao sam ja. Šta kažeš? Veza je rđava.

Oženjen, ponovila je ona.

Aa, rekao sam ja. Nisam, ne naročito.

Kako to, ne naročito?

Nisam oženjen, rekao sam. Uopšte nisam oženjen.

Možemo li da se vidimo za dva sata?

Za dva sata? uzviknuo sam. Hoćeš da kažeš, danas?

Jeste, hoću da kažem danas. Za dva sata.

Zavisi gde, rekao sam.

Na bazenu.

Uhvatio sam se. Ne znam za šta, ali sam se uhvatio.

Zavisi na kojem bazenu, rekao sam.

Ona je navela neki.

To je u devetom, kazala je.

Ja sam se nalazio u devetom kvartu.

Koja je adresa?

Dala mi ju je.

Zapisano, rekao sam. Ali nemam kupaće gaćice.

Potrebna ti je i kapa za kupanje, rekla mi je Marž. To je obavezno. Možeš da iznajmiš na kasi. Do skorog viđenja. Ljubim te.

Ljubim te. Nisam to rekao kako bih joj odgovorio, nego sam rekao sebi lično, i ponovio, i ponavljao. Ljubim te, eto šta mi je rekla. Bio sam dirnut preko svake mere. Žena koja mi, vrativši se na mene posle deset godina, kaže da me ljubi. Tek tako, kao da nastavlja nešto, nešto sa mnom što nikad nije ni prestalo. Ljubim te. To mi je govorila i An, preko telefona, prvih dana. I bilo je isto. Isto uzbuđenje.

Nisam izvlačio zaključke iz toga. Nikakav zaključak nije se pokazao kao pouzdan u mom životu. Stvari su se nadovezivale jedna na drugu, eto, to je sve. Pitao sam se samo gde ću da nađem kupaće gaćice. Nisam imao nameru da iznajmljujem gaćice na kasi. To je bio sastanak, a ne kapitulacija.

Ukratko, eto šta sam sebi govorio.

I našao sam se u velikoj sportskoj radnji, na Forumu Hale. U odnosu na mesto gde sam se nalazio, to mi je bilo najbliže, a nisam imao previše vremena pred sobom. Opazio sam odeljenje za bazen, našao neke crne kupaće gaćice, kupio, privučen njihovim dizajnom, naočari za kupanje, uzeo belu kupaću kapicu, da vidimo, rekao sam sebi, da li sam nešto zaboravio? Ma jesam, naravno, baš sam glup, peškir. Peškir za kupanje. U radnji ih nije bilo. Na odeljenju za bazen nema brisanja. Morao sam da odem do odeljenja sa kućnom posteljinom, u pravcu Šatlea, i da kupim peškir za kupanje kojim bih lako mogao i krevet da prekrijem, beskrajno skup model, ne baš pogodan, dakle, za nošenje, pa sam zato morao da nabavim i sprtsku torbu na pločniku u ulici Rivoli, ispred robne kuće Samariten. Sve to mi je uzelo sat vremena, i još sam imao više nego dovoljno da stignem ranije. Malo sam se razvlačio u metrou, izlazio iz jednog voza da bih prešao u sledeći, sa svojim peškirom u torbi i svim ostalim u aktovki, koju ipak zato nisam nazvao ruksak, to je previše školski, rekao sam sebi, niti tašna za dokumente, previše dugačko, ovo je aktovka, govorio sam sebi, to je moja nova aktovka, nije to peškir, mada je i on nov, ali neću valjda sada da menjam svoje jezičke navike.

Stigao sam četvrt sata ranije na bazen, bio je to gradski bazen, sa oznakom Grada, primili su me hladno, bez ijedne suvišne reči, mada nikada nisam dolazio na taj bazen, i činilo mi se da bi za prvi put, ali na kraju krajeva, navikao sam, ljudi nisu naročito ljubazni prema meni, a osim toga, kasirka nije mogla znati zašto sam tu, kakav izuzetak to za mene predstavlja, to što sam došao na ovaj bazen kako bih ponovo video ženu koja je deset godina starija, razumem ja, ali ne zameram joj, kasirki, pa čak i kad mi je potvrdila da je kapica obavezna, nisam je zgromio pogledom, ne, uzeo sam kartu koju mi je pružila i pošao ka svlačionici.

Usput sam zastao pred tri okrugla prozorčića koji su gledali pravo na bazene, mada u visini struka. Nagnuo sam se kroz jedan od njih i opazio nekoliko polugolih osoba kako se cede u popločanom univerzumu plave boje, dobro, rekao sam sebi, ovo je bazen, nećeš od toga da praviš dramu. Bazeni se popločavaju.

Nisam video Marž. Ali stigao sam ranije. A mogao sam, isto tako, i da je ne prepoznam. S njenom kapicom. Takođe, mogla je da se promeni. Čak je i morala. U svakom slučaju, rekao sam sebi, previše je rano za takva pitanja. Idi, dakle, obuci gaćice, za početak.

Pred svlačionicama, neki čovek odeven u plavo mi je uzeo kartu i pocepao je. Nikad nisam previše voleo da mi cepaju moje karte, ni u bioskopu, to mi se čini ponižavajuće, kao situacija, ali dobro, taj čovek je radio svoj posao, i čak sam ga pitao, ljubazno, kako treba da postupim, za svlačionicu. Treba vam dva franka, rekao mi je. Radi na novčiće od dva franka. Prevrnuo sam džepove, nisam našao novčić od dva franka, čovek mi je rekao da se vratim do kase, vratio sam se do kase. Nemam sitno, rekla mi je kasirka.

Šalite se, rekao sam ja. Ne mogu ja tu ništa, rekla mi je kasirka. I šta da radim? rekao sam ja. Probajte da nađete dva franka, rekla mi je kasirka. A kako to? rekao sam ja. Sačekajte sledećeg posetioca, rekla mi je kasirka. Ali, ne mogu! rekao sam ja. Kako to, rekla mi je kasirka, ne možete? Jeste, rekao sam, mogu, naravno, mogu. Ali mi nije zgodno.

I ukipio sam se pored kase. Uostalom, ne baš odmah pored, nisam hteo da smetam. Naročito sam strahovao da sledeći posetilac ne bude Marž, onda ne vidim kako bih mogao, pošto se izljubimo, pretpostavljao sam, da od nje tražim dva franka. A, pre svega, nisam se ni dogovorio s njom da se nađemo kod kase. I još bi me pritom, govorio sam sebi, videla obučenog, to bi možda bilo bolje, zar ne, za ponovni početak. Ali sledeći posetilac nije bila Marž. Bio je to neki muškarac, na sreću, kome nije nedostajalo sitniša. Imao je dva novčića od po dva franka, pristao je da mi ustupi jedan. Vratio sam se u svlačionicu, pitao službenika kako ide ta stvar s novčićima. U prorez, tu, rekao mi je on, onda zatvorite i stavite svoju šifru. Hvala, rekao sam ja, i najpre pošao prema nekoj kabini, opremljenoj jednom od onih neupotrebljivih poličica, od crvene plastike, s onim lavorčetom u dnu gde jedva može da stane jedna cipela i gde uopšte nije moguće da, na vešalici, u onom previše tesnom prostoru koji ostavlja prečaga, okačite pantalone a da ih ne izgužvate. U kabini, tesnoj, zaobilazio sam neku baricu dok sam se skidao, povremeno se oslanjajući na vlažnu, grumuljičastu pregradu čija mi je boja, oker sa fekalnim odblescima, prizvala uspomenu na detinjstvo koju sam smesta izbacio iz glave. Našao sam se u gaćicama, malo tesnim gaćicama, smatrao sam, čiji je kroj, previše smeo za moj ukus, nesumnjivo bio zaslužan za to što su opipljivi trbušni mišići, i uopšte, zdrava hrana, izišli na veću cenu. Sa svoje visine, zacelo, mada imam čist vidik do stopala, ne bih mogao da spustim visak a da se ne uplašim da će me okrznuti, i ta laka nesavršenost na planu moje vertikale učinila je da se osetim još više go nego što sam bio, što je osećaj za koji više nisam bio navikao, usled svoje izolovanosti, da me snalazi na javnom mestu.

Izišao sam iz kabine, ipak, s belom kupaćom kapicom kojom sam oklevao da pokrijem uši i koja mi se zato, znao sam to, narogušila na vrhu lobanje, u jednoj ruci noseći vešalicu na koju sam okačio sportsku torbu, a u drugoj aktovku, i sve to ugurao, kako sam znao i umeo, u tesni pregradak u obliku puškarnice koji mi je bio iznajmljen. Za šifru sam stavio svoj datum rođenja ne naišavši na veći problem: u stvari, moj datum rođenja nije me podsećao na moje rođenje, a to je uvek neki ćar. Uostalom, nikada nisam gledao na svoje rođenje nikako drugačije nego kao na niz brojki, onaj niz brojki što stoji na dokumentima i u onoj oblasti mozga u kojoj se uopšte ne nalazi osećajnost, pošto je cela zauzeta bankovnim šiframa i datumima iz opšte istorije. Sišao sam niz stepenice u pravcu tuševa, sa strane za muškarce, i stao pod slobodan tuš, gde sam uspeo, sve uvijajući se, da se delimično skvasim pod njegovim neodlučnim i isprekidanim mlazom mlake vode. Posle toga, baš kao kad čovek izlazi na scenu, živo sam zagazio u kadicu za pranje nogu i krenuo pravo prema lestvicama velikog bazena gde sam, bez oklevanja, uskočio u vodu kako bih se preobrazio u plivača. Plivač, stvarno, rekao sam sebi, to je ono što se i dalje najmanje viđa na bazenu, a nisam držao do toga da smesta budem viđen. Naprotiv, držao sam do toga da ja vidim, i ubrzo sam zario svoj pogled Marsovca s naočarima i kacigom, sasvim odlučno, među žene koje su, u strogo predvidljivim vremenskim razmacima, prolazile kroz kadicu za pranje nogu, kako bih prepoznao onu koju sam očekivao.

Pojavilo se nekoliko žena, dakle, tokom petnaest minuta koji su usledili, od kojih sam smesta odbacio sve one koje nisu bile same. Ne bih mogao da osumnjičim Marž, govorio sam sebi, kako želi da mi nanese, posle našeg telefonskog razgovora, poniženje kakvo bi predstavljalo prisustvo nekog muškarca pored nje, muškarca koji bi prošao otprilike u isto vreme kroz mušku kadicu za pranje nogu, ili neke žene koju nisam izabrao da čekam. Što se tiče ostalih, onih žena koje su bile same, nisu ličile na nju, ni izdaleka, ni izbliza. I dok sam tako plivuckao, praveći kratke pokrete rukama da ne bih potonuo, ponekad okružen mehurićima koji su svedočili o vrhuncu na krivulji mog napora, pa onda plivajući malo ozbiljnije, za promenu, u pravcu ulaza-izlaza i malog bazena, koji je u odnosu na veliki predstavljao običnu degradaciju u sasvim prolaznom poimanju kojim pravimo razliku između bazena i bazena, i na taj način sam ostao okrenut licem prema kadici za pranje nogu, i počeo da govorim sebi kako Marž neće doći. I nisam se brinuo, nikako, pošto sam bio onako navikao na razočarenja, ali sam osećao nelagodnost, jer, kad već nisam znao da li se ona zaista neće pojaviti, nisam ni uspevao da se u potpunosti naviknem na tu pomisao, s kojom sam, na trenutke, počinjao da priželjkujem da me ostavi na miru.

I tako sam, u takvim trenucima, predviđajući, samo zato da bi me prožele njeno odsustvo, da se Marž neće pojaviti, u svakom slučaju imao muke da je prepoznam među ženama koje su prolazile kroz kadicu za pranje nogu, ocenjujući ih pogledom koji je uključivao, i protiv moje volje, sve veću isključivost. Tako sam ubrzo a priori isključivao svaku ženu, sve nastavljajući da, više iz razumnosti nego iz ubeđenja, vrebam pojavu one koje sam se sećao.

Ali, uprkos svim tim teškoćama, danas mogu da tvrdim, sa savršenom lakoćom, Marž se nije pojavljivala, i iz toga sam izvukao privremeni zaključak, u nedostatku boljeg, da naprosto kasni. Pošto je, uostalom, moja uverljivost kao korisnika bazena, na tom stupnju, izgledala kao da je u povlačenju, moje penušavo opstajanje nasred velikog bazena ustupilo je mesto problematičnom zauzimanju malog, među vikom i igrom mlađane klase, te sam odlučio da ovoga puta zaplivam kao i svi ostali, i da pređem celu dužinu bazena. Na nesreću, krenuo sam u pogrešnom smeru, što me je prinudilo da se, u nameri da pređem tu dužinu, lišim pogleda na kadicu za pranje nogu. I zato sam odlučio da što brže stignem do kraja velikog bazena, kako bih se uhvatio za ivicu i ponovo mogao da osmatram.

Uzeo sam zalet, dakle, i smesta krenuo prodornim zamahom, zvanim zaronjeni, gde sam, naporedo s nekim stalnim posetiocem, u pravilnim razmacima sekao lobanjom bistru vodu koja se plavela u svom koritu, koristeći duge i odsečne pokrete i u dlaku proračunato disanje, te sam stigao do suprotnog kraja gotovo u peni svog slučajnog ortaka, koji je odmah krenuo nazad iskričavo zamahnuvši krstima. Ja sam, opet, kao što sam učinio u više navrata ranije, povukao naočari i premestio ih sa očnih jabučica prema čelu, ne bih li video jasnije, povukao sam ih za lastiš koji ih je držao i koji se, ovoga puta, otkačio kad sam cimnuo.

Hteo sam da vratim lastiš na mesto, to jest, da ga uglavim nazad u kopču, neku vrstu školjke, u stvari, na kojoj nije bilo osovinice i koja se držala samo pod pritiskom, međutim, primetio sam posle nekog trenutka, kopče više nije bilo, i potražio sam pogledom, po površini vode, tu četvorougaonu stvarčicu od ružičaste plastike bez koje mi moje naočari više neće biti ni od kakve koristi. Ali, shvatio sam to brzo, kopča je tonula.

Zagnjurio sam, pružio ruku pravo ispred sebe, kopča mi je izmicala i, pošto je stigla do dna, oklevao sam da i ja učinim isto. U stvari, pritisak vode mi je tako jako pritiskao slepoočnice da, potpuno hendikepiran u svakom pogledu, posebno u pogledu rasuđivanja koje bi mi dozvolilo da procenim opasnosti kojima bih se izložio ako bih nastavio da ronim, nisam tačno znao kako bi trebalo da se ponašam, i na kraju sam se odlučio, sasvim nagonski, ali i više nego u skladu sa objektivnim zakonima fizike, da se vratim na površinu. Udahnuo sam, zatim izdahnuo, ponovo se dokopavši svoje ivice, i, kad sam nastavio da osmatram kadicu za pranje nogu, pustivši da mi naočari plutaju dok sam ih nehajno pridržavao za lastiš na površini vode, moj slučajni ortak, završivši još jednu dužinu, stigao je do mene. Izgubili ste kopču, rekao mi je.

Bio je podigao svoje naočari na svoje čelo, i, ako me je iznenadio time što mi se obratio, još više me je iznenadio time što je prekinuo plivanje. U međuvremenu, postavio mi je pitanje, i nisam mogao da poreknem da sam, zaista, izgubio kopču. Nisam hteo da se izlažem opasnosti. Jeste, rekao sam, i, kao što se često dešava, kroz onu ljubaznu suvišnost kojoj pribegavamo kako bismo omogućili uspostavljanje neke veze, da rečima pridružimo pokret ili pogled, uronio sam pogledom prema dnu, gde je podrhtavala, prelamajući se, kako je i red, jedva vidljiva mrlja moje ružičaste kopčice. Neka žena je, u tom trenutku, stigla do mog ortaka, i shvatio sam da je ona za njega na izvestan način vezana, i ona se, veoma ljubazno, raspitala šta nas je to udružilo, mog ortaka i mene.

Onda smo joj ocrtali situaciju u grubim crtama, smenjujući se u kratkoj priči koju sam ja na različite načine pokušavao, koliko je bilo do mene, da lišim dramatičnosti, odbijajući, na primer, da pridružim svoj pogled njihovim, usmerenim ka dnu vode, kao da je reč o nečijem životu. Ali nisam mogao da sprečim ženu, koju je to vidno zabavljalo, da smesta zaroni, i morao sam da sačekam, ne znajući kakvo držanje da zauzmem, da se iznova pojavi s mojom kopčom, koju, nažalost, nisam umeo da vratim na mesto.

Čekajte, rekao mi je muškarac, niste pogodili prorez. I ne ostavljajući mi vremena da postanem svestan tog proreza, za koju sam ipak pokazao malo zanimanja, sada kad mi je on otkrio njeno postojanje, uzeo mi je kopču iz ruku, pa onda i naočare, i počeo sam da se pitam da li sam, čekajući jednu ženu u bazenu, pred svetom izgledao tako rastrojen da je apsolutno trebalo da mi priteknu u pomoć, ili je, već od ranije, moje držanje i moje ponašanje zvalo u pomoć. U svakom slučaju, nije mi bilo prijatno, i mora biti da onom mom paru nisam zahvalio kako je trebalo. Osim toga, za to vreme sam olabavio prismotru nad kadicom za pranje nogu, pa sam ostavio svoje dobročinitelje, prilično hladno, i krenuo u pravcu malog bazena, gde sam se zadržao na trenutak, trupa visoko iznad vode, okrećući se polako oko samog sebe, osmatrajući sada ne više samo kadicu za pranje nogu nego i ceo bazen, i postavljajući hipotezu da je zahvaljujući tom predahu Marž mogla da se pojavi. I pošto je nisam otkrio, tu istu pretpostavku sam potkrepio pretpostavkom da bih, ovoga puta, posle sveg onog vremena provedenog bez nje, mogao i da je uopšte ne prepoznam, ili da je posle sveg tog vremena koje je ona provela bez mene i ona mogla mene da uopšte ne prepozna. U tom trenutku sam je spazio.

Nije bila lepa, nema sumnje, ali, i ovde se izlažem opasnosti, opasnosti da mi se ne poveruje, nikada nisam, ja, Gavarin, voleo lepe žene. Pod lepim podrazumevam, kada je o ženama reč, dakle, one kod kojih, zbog njihove lepote, svaka sporedna posebnost tamni u daljini njene ličnosti, najčešće nepovratno, tako da, kada čovek zagrebe ispod te lepote, oljušti samog sebe i ne iznese na videlo ništa što bi, kada se pred tu lepotu stavi, moglo da iskoči kao obeležje.

Drugačije bih mogao reći kako mene, Gavarina, lepota zaslepljuje, sprečava me da vidim, naročito da vidim nju, lepotu, što je prividna protivrečnost u kojoj upravo i leži, čini mi se, surova istina poimanja koje, kada želi da se otelovi, samo uspeva da okameni svoj predmet.

Ukratko, nije bila lepa, na sreću, nije imala lepo lice. Naprotiv, imala je, na svom licu, bezbroj zadnjih planova koji su odmah padali u oči, kao što je u tome što su joj oči bile previše primaknute stajao odjek izvesne napetosti, i isto tako, oko usta, malih, nekakva gustina kože koju su usne, praveći udubljenje na njoj, toj koži, kako bi sebi otvorile put ka izražavanju, morale da podvrgnu nekom iskušenju, nekom prvobitnom poremećaju pred kojim je celo lice odlučilo da otvrdne, ili naprotiv, da se popuni.

Odista, imala je punačke obraze, i na neki opšti način, izgledalo mi je da su kod nje organi čula, uključujući i nos, koji je bio tanak, zauzimali najmanje moguće mesto, ali u isti mah, to mesto je bilo konačno, mesto oko kojeg su se obrazi, čelo, brada, uzalud borili, priviđenje u kojem oni uopšte nisu imali udela nego su ga naprotiv, mudro, potiskivali u korist širokog i čvrstog zauzimanja prostora.

Kažem mudro, jeste, pošto su joj čelo i brada bili mudri, kao i obrazi, obli uprkos onoj tvrdoći koja kao da ih je držala, tako da su paradoksalno delovali kao upali; ali s tom mudrošću se mešala neka snaga, snaga usta i pogleda, koji se ubrzo spustio na mene.

Kao i obično, nisam u to previše verovao, naravno, ali nisam video, osim sebe, nikoga koga je mogla tako uporno gledati – pritom, i to je druga strana stvari, s kakvom zaprepašćujućom nežnošću – na otprilike pet metara odstojanja, usred neke grupe, mada rasute, iz koje sam se ja jasno izdvajao, onako svuda unaokolo okružen fizionomijama previše nezrelim da bi, po mom mišljenju, mogle da privuku toliku pažnju.

Osmeh, jedva primetan na njenim tankim usnama – naime, usne nisu bile samo male – posle jednog trenutka učinio mi se kao priviđenje, ali, uzdajući se u svoje neposredno pamćenje, našao sam da je lep i valjano oblikovan, ma kako kratkotrajan bio, i pokušao da se uverim da je bio upućen meni kada me je, samo pogledom ovoga puta, uhvatila na četvrt sekunde.

To, tih četvrt sekunde, bilo je, dakle, jedno od onih četvrt sekunde koji se računaju u životu, koji se zbrajaju, ili se oduzimaju, mada je istina i da drugi prolaze, kao mrtvorođenčad, čak ne možeš ni da ih razlikuješ od njihove sabraće, jedva uzastopni, u onom osećaju opštosti koji nose obični dani – bezmalo svi, u stvari. Primio sam, dakle, taj novi pogled, ne znam tačno kakav, zacelo bez obrisa ikakvog osmeha, nesumnjivo ozbiljno, ali nisam znao od koje je vrste bila ta ozbiljnost, kako ju je ona protumačila, kao ravnodušnost, strah, izopačenu hladnoću. Najbolje što sada mogu da učinim, rekao sam sebi, pošto sam odluku doneo, i ne znam šta bi me sada moglo navesti da od nje odustanem, jeste verovatno da joj priđem, da joj kažem neku reč, reč koja bi mogla da iskupi moj pogled, ili da ga objasni, ali koju reč, govorio sam sebi, koju reč što ne bi bila ni previše jaka, ni previše slaba. Neću ipak valjda da joj pričam o vremenu, uostalom, na zatvorenom bazenu to bi bila glupost, prava glupost, odnosno ludost. Nego, rekao sam sebi, na kraju krajeva, nemoj više da misliš na to. Priđi već jednom, kreni prema njoj, obaveži se tako da više ne možeš da uzmakneš, videćeš, stari moj, hrabrio sam sebe usrdno, ipak unapred uz trunku prekora, pošto sam bio malo nepoverljiv prema svojim reakcijama.

Ali kada sam stigao do nje, sve mi se učinilo jednostavno. Ona me je uporno posmatrala, i, mada nisam znao šta da radim kada mi se neko tako obraća, da li da odgovorim u stihu, da iskoristim priliku koju mi je ponudila da joj uputim prve reči – da joj, pomislio sam na trenutak, kažem dobar dan? Ali odustao sam od tog rešenja, previše bestidno lenog, učinilo mi se – a šta onda da joj kažem, rekao sam sebi, pa onu ogromnu zver koju osećaš, naravno, dokaz za ono što osećaš, polet koji osećaš prema njoj, tvoj nesavladivi polet, bilo koja kratka rečenica će završiti posao.

Kako bilo da bilo, na ovom stupnju sam shvatio, s malim zakašnjenjem, priznajem, ali greška je popravljiva, pre svega bi čitaocu trebalo da uputim dve-tri reči. Malo objašnjenje, jeste, moglo bi biti nužno, čak i ako je već shvatio, čitalac, da ja, kada govorim o toj ženi, o toj ženi koju sam upravo bio primetio na bazenu, ne govorim o Marž, ne. Jer nije ni bila reč o

Marž. A otkako sam opazio tu ženu, tu ženu za koju sam sebi smesta rekao da je to ona, ta žena, dakle, a ne Marž, više nisam mislio na Marž, to bi moralo biti očigledno, sada. I toj novoj ženi sam prišao, toj koja nije bila Marž, i koja se mnogo ranije promenila, naravno. Uostalom, Marž je u ovo vreme morala biti manje mlada.

I tako sam prišao toj ženi, sada, ne očekujući više Marž, ne postavljajući sebi više pitanje, koje je ipak ostalo u vazduhu, da li će se Marž pojaviti, ili da li se već pojavila. Sve što sam video bila je samo ta žena koja kao da je čekala na mene, ona, stvarno, onako kako sam ja čekao na nju, nema sumnje, kao što sam čekao na sve žene, uključujući i An Lebedel, jeste, u svom velikom stanu, uostalom, trebalo bi da kažem još nešto, sada, o tom stanu, jer se evo sve ubrzava, sve se ubrzavalo, okrenimo dakle novi list, jasnije ćemo videti.

Ta žena, dakle. Ta žena u malom bazenu, kojoj sam prišao sa svojom kapicom što mi se narogušila na vrh lobanje i nisam imao šta da joj kažem a da mi se ne učini jadno i bedno u poređenju s njenim onako bogatim ćutanjem. Ta žena, koja nije bila Marž, i kojoj sam prišao, sada, tako blizu da sam je bezmalo dodirivao. Dakle, ta žena, primetio sam to, naravno, od samog početka, ta je žena imala vrlo veliki trbuh.

A, moram da kažem, ne osećam neku posebnu privlačnost prema trudnim osobama. Naprotiv. Pre mi se čini da pripadaju protivničkom timu. Naspram muškaraca, muškaraca koji su ih ostavili trudne. I ne volim previše ni te muškarce što ostavljaju žene trudne, kao ni te žene, dakle, koje su dozvolile da ostanu trudne. Uvek mi se čini malo mlitavo kada se neko tako predaje, pa potom nosi plod svoje greške kao da to nije ništa, ili ponosno, ne znam tačno, kao da tu ne postojim i ja, kao da, bez ikakvog učešća, još pritom moram da se učinim sasvim mali, da ne dišem, u stvari im je potpuno svejedno, tim ženama, da li ja postojim ili ne, da li dišem lako ili teško, one prolaze, nadmene, čak me je jednog dana neka i odgurnula. Dakle, ne osećam naročitu privlačnost prema njima, ali ovde, iznenada, sve to odjednom postaje nevažno. Ova žena, sa svojim prevelikim trbuhom, prešla je na moju stranu. Njen osmeh je naširoko svedočio o tome, uhvatio sam se za njega kao za pojas za spasavanje, znam, scena se odvija na bazenu, šta ima veze, upotrebi sliku pojasa za spasavanje, utoliko pre što se u njenom pogledu, odmah povrh osmeha, nisam davio, ne, pre je bila reč o spasavanju: govorio sam sebi, dok je budeš netremice posmatrao, neće se desiti ništa nepopravljivo, kada budeš otvorio usta postoji opasnost da sve ode u propast, naročito uz to što te se dotaklo, ovde, uz tu pomisao da kod žene te vrste čovek treba da se raspituje o poodmaklosti njenog stanja, da utvrđuje datume, izbaci je iz glave, dakle, tu pomisao, ako te zanima moje mišljenje, ne poznaješ je dovoljno, tu ženu.

I, na kraju krajeva, rekao sam sebi, pošto je ne poznaješ dovoljno, nema nikakve žurbe da joj se obratiš, da joj sručiš u lice ne znam koje reči koje će odjednom poremetiti tu scenu, ili će poremetiti nju, ko zna, i barem joj zbrisati s lica taj čarobni izraz iščekivanja, i još će je obavezati da odgovori, naterati je da iziđe iz sebe, dakle, ili će me primiti, za sada, s takvom blagonaklonošću, istina, ne znajući s kim ima posla, što i nije tako loše. Idealno bi bilo učiniti sve da to međuvreme potraje što duže, pošto znam da je to samo međuvreme, neizbežno, kroz tri sekunde sve će se promeniti, ja ću uzeti reč, uzeću je svojom rečju, pod izgovorom da mi se osmehnula, zloupotrebiću je na osnovu jednog osmeha, svojim rečima, eto, za kojima pokvareno tragam, pošto vrlo dobro znam da neću reći ništa sveže, detinje, neposredno iskreno. Dok naprotiv osmeh.

Izvinite?

Da, osmeh. Da joj vratim osmeh.

Kako to?

Pa, skidajući balast sa tvog pogleda, stari moj, za početak, čineći ga manje oslonjenim, taj tvoj pogled, manje teškim, manje napetim, sada. Ipak se donekle poznajete. Pogled koji klizi, ako hoćeš. Na koji se zaboravlja. U svakom slučaju, to je dovoljno da više ne predstavlja teret. Poput milovanja, ako ti je tako draže.

Ma nemoj?

Nego šta, dragi moj, a istovremeno radiš na usnama, i dalje ćutke. Ne kažem da treba da ih razvučeš, to nisam rekao. Samo ih malo razdvoj. Konačno, samo malo olabavi vilice. Stisnute su, eto, tvoje vilice, vidiš li.

Dakle, ukratko, opusti se. Na trenutak zaboravi da je ta žena već počela da se računa, za tebe, da se jezivo računa, zaboravi da, kada je vidiš, gubiš sva svoja sredstva, ne misli više na to, na svoja sredstva, pokaži se donekle ljubazan, srdačan, ukratko, opušten. Drugim rečima, pokušaj da razmišljaš o nečem drugom, u stvari nisam to hteo da kažem, nego baš suprotno, ma pokušaj, u mislima, da uneseš u sebe malo vedrine. Oh, a potom, na kraju, rekao sam sebi, snaći ćeš se. Tvoja stvar, na kraju krajeva.

I uradio sam manje-više to što sam sebi rekao. Što se tiče usana, zaustavio sam se tačno pred osmehom, pa čak i, da budem sasvim iskren, s ovu stranu nagoveštaja, da sam u taj mah crtao svoj kroki mogao sam sebe da predstavim sa olovkom na dva prsta od lista hartije i velikom gumom pored bloka. Ali na kraju eto, opustio sam vilice, i neodređeno sam osećao da moj pogled ima koristi od tog opuštanja. Nisam znao šta je to tačno, u mom pogledu, malo tog opuštanja vilice, nema sumnje, odnosno malo osmeha koji moje usne nisu sebi zaista dopuštale. Ukratko, imao sam osetnu prednost, u tom pogledu, imao sam izvesnu prednost u svom pogledu, u odnosu na usne. I, rekao sam sebi, ne snalaziš se tako loše, kad se sve sabere. Utoliko pre što u suštini, pošto imaš prednost, u svom pogledu, pošto se suština tvog osmeha nalazi tamo, možda to možeš da iskoristiš tako što ćeš pronaći gledište opštije nego ono koje ima ta žena. Ne skidaj pogled s njenog lica, u stvari, samo malo zauzmi teren. Klizni, dakle, diskretno, ili ako ti je tako draže, odugovlači, jeste, pogledom, pošto imaš prednost, s te strane, poput zeca iz basne. Njoj je, u svakom slučaju, svejedno, ona ga je uhvatila, tvoj pogled, videla je opuštanje koje si ti u njega uneo, i u izvesnom smislu i ona zauzima teren, rešena da okusi svoju pobedu, to je dakle trenutak koji treba da iskoristiš kako bi video malo šire, sad ili nikad, ko je taj ko te je tako poneo, pored života kakav si verovao da imaš, očajnički težak, izgubljen, bezmalo završen, već. Pored Marž, takođe. I An. Pored tebe.

I, krišom, sakrivši se iza prividne smirenosti, ponovo sam osmotrio tu ženu. Nije bila lepa, dakle, ali, neosporno, kažem to pre nego što je učinim vidljivom, jasno vidljivom, vraćala mi se. Nebo ju je, negde, u nekom trenutku, moralo stvoriti upravo u nameri da mi je pošalje i, govorio sam sebi, ti ne smeš da učiniš ništa manje, pred takvim poklonom, nego da ga prihvatiš. Ali, isto tako, to duguješ sebi, tom poklonu moraš nešto dodati. Treba i ti da daješ, jeste, rekao sam sebi, kao što si davao, već, naravno, samo što je ovaj put onaj pravi, jedini istinski put. Nije bilo drugog, neće ni biti drugog. I sad ne moraš nikuda da žuriš. Znaš čega treba da se držiš. Sve oko tebe može da se sruši, ništa se neće promeniti, neko dete bi moglo da se udavi na tvoje oči, ti ga ne bi spasao, ne bi ga video, bio bi negde drugde, u onome što ti obećava ta žena.

A ipak, skrenuo sam sebi pažnju, ništa ne izmišljaš. Tu si, u ovom trenutku, samo s tom malom teškoćom, šta da joj kažeš, ali to je sitnica, svejedno ti je, sada se osećaš tako opušteno da bi ti u krajnjoj liniji prijalo da malo odugovlačiš kako bi to proslavio, kao da se već desilo, kao da više ništa ne treba da uradiš, osim da uživaš, osim da se troškariš dok čekaš da je ponovo nađeš. Pošto si je našao, već, ona je našla tebe, ne vraćaš se više na to, nikako, ili tačnije, vraćaš se, navikavaš se, poznaješ je, sada, tu ženu, odavno si znao da je takva, ne previše krupna, mršava, uprkos trbuhu, ili tačnije, ne. Ne uprkos trbuhu. U stvari, trbuh, kod te žene, kao da je pripojen. Odnosno, savršeno dobro znaš da ispod kupaćeg kostima nema zavučen nikakav jastuk, nikakav prazan mamac. Znaš da je taj trbuh pravi trbuh, i da je zaista njen. Ona ga naprosto nosi, taj trbuh, sa detetom, kao da je ispred same sebe, tako da bi, kada bi joj ga oduzeo, oduzeo toj ženi njeno biće, nema sumnje, ali ne i njenu pojavu, u najgorem slučaju ostala bi bez nešto ukrasa, na izvestan način pridodatog i prolaznog, pod kojim bi se ukazala njena ljupkost. Jer, ako nije lepa, veoma je ljupka, vidiš, i trbuh joj izgleda, baš kao i ona sama, poput neobjašnjivog ali bremenitog, istrajnog priviđenja što, u isti mah dok izaziva nevericu, tu istu nevericu i ruši. Razumeš šta hoću da kažem.

Da, rekao sam sebi, razumem. Uostalom, oduvek sam voleo, priznajem, ako ne žene koje iščekuju sopstveno telo, a ono bar one koje, nemajući duha za predviđanje, ili ponekad protivno svojim predviđanjima, tužno gledaju, usled mirenja sa sudbinom ili zbog jela, kako im se makar i malo zaokruglio taj trbuh koji se moda zasnovana na brisanju već nekoliko decenija trudi da ograniči. U stvari, modna industrija, koja brine samo o tome kako da stegne i sputa ono što se s punim pravom razvija u tim stomacima u čijoj sam ispupčenosti ja umeo da okusim, povremeno, okom, ili ređe, rukom koja bi preko njega prešla kao preko grudi, ili zadnjice, iako te žene po mom mišljenju imaju prednost nad drugima jer imaju ukras više, ukras koji se utoliko manje može zanemariti pošto se na taj način dok se približavamo pubisu stvara kosina niz koju, ako prevučemo rukom, glatko klizi, ili tone, prelazi, dakle, preko te slatke prepreke gde nam, uostalom, ništa ne brani da se, kada je jednom pređemo, vratimo nazad ili nas čak sve primorava da se vratimo, ponekad, pošto je zatvoreno, i pošto nema skrovitijeg zaklona.

Razumećete zašto sam, dakle, kada sam otkrio tu ženu, kada sam i sâm zakoračio u njen pogled, pa već i u njen život, činilo mi se, razumećete da sam, otkrivši tu ženu čiji je trbuh u njenu korist izbrisao sve druge, neosporno obezbedivši sebi pobedu, učinio presudan korak. Mada to kažem, ja lično nisam očekivao dete. Bar ne odmah. Očigledno, stvari su se sada promenile, i jasno sam video da se treba prilagoditi. I u svakom slučaju, bio sam spreman. Odmah sam hteo da joj kažem za svoj stan, ali je sada vreme da ponešto objasnim po tom pitanju. Kao što se možda sećate, to je veliki stan. A ako sam izabrao veliki stan, sada to mogu da kažem, to je zato da bi i dete imalo svoju sobu. Kažem dete da bih ostao neutralan. U stvari, želeo sam ćerku. Oduvek sam želeo da mi neka žena napravi ćerku. U stvari, oduvek sam se grozio dečaka, koji nikad ne ispadnu dobro. Prvo se tuku u školskom dvorištu, a na kraju postanu rđave kolege. Ne, želeo sam ćerku, u svom velikom stanu, i ona je tamo imala svoje mesto, u svojoj sobici, samo mi je nedostajala neka žena, da mi je napravi, da ja poželim da joj je napravim. To nije bila An, nije bio niko, a sad je to bila ova žena ovde, koja me nije čekala, u to nema sumnje, zato da bi pokrenula stvar, ali me je ipak čekala, samo što sam ja napravio dramatičnu grešku – ali na to nisam ni pomišljao – i doveo stvar do kraja. Ona je taj svoj trbuh, tu, okrenula prema meni, na samom kraju postupka, kako bi mi predala plod, koji je neko drugi verovatno prezreo, šta ima veze, ni ona ni ja ne radimo to iz računice, u svakom slučaju, ja ne, ja sam hteo tu ženu, sada, tu varljivo tešku ženu, tu, u svakom slučaju, neće zadugo biti teška, govorio sam sebi, uhaj, zacelo neće previše dugo biti teška, ponavljao sam sebi, čak će ti biti od koristi da požuriš, to je ta žena i nijedna druga, dakle, što se nje tiče, njena stvar, mogla je osećati da je sama, napuštena, ali je upravo izabrala mene. Naime, skrećem vam pažnju, bilo je i drugih muškaraca, na tom bazenu, drugih muškaraca koji su bili sami, ali je ona mene onako uporno posmatrala, mene je pustila da joj priđem, da joj kažem neku reč, između ostalog, dopustila mi je da joj je kažem, i sada sam stekao predstavu, o toj reči, jasnu predstavu, samo još treba da je sročim, nema sumnje, ali sam već stekao pouzdanje, i odjednom sam se prepustio, postavio sam joj pitanje, ono jedino vredno, činilo mi se, u svakom slučaju, jedino koje mi je od ovog trenutka bilo važno. Govorim o pitanju pola. I nekoliko trenutaka kasnije, rekao sam sebi, nema sumnje, opet sam izgubio, pod ovim okolnostima, priliku da oćutim.

Sve je, ako ćemo verovati, navodilo na pomisao da se radi o dečaku. U svakom slučaju, ona mi je odgovorila, savršeno prirodno, sačuvavši osmeh za koji sam strahovao da se više ne odnosi samo na mene, kako ultrazvuk, mada nije savršeno jasan, dozvoljava da se opazi mrlja oko koje bi teško moglo biti zabune, neka vrsta dodatka, rekla mi je – već ta obična reč me je naterala da zadrhtim – za koji njen ginekolog nije znao šta bi drugo moglo biti – malo sam uzdahnuo – osim nečega što je imenovala, naime, ta lekarka, ali što ovde ne mogu da ponovim a da se još jednom ne setim s jezom kakav je utisak na mene ostavila takva reč, koju je, povrh toga, ova žena izgovorila ravnim tonom, a mi se čak učinilo da je u izgovor unela i mrvu naslađivanja.

Odmah vam kažem, bio sam smrvljen. Nisam shvatao kako ta žena, koju sam upravo izabrao, i bio spreman da je volim – koju sam već voleo, u stvari, znao sam to, bila mi je poznata ta pojava, ljubav, kod mene, ona se već pokrenula, jednako izvesno kao što će i njen predmet, sa svoje strane, doneti na svet jedan život – nisam shvatao kako je mogla, u mom prisustvu, da tako hladno posmatra dečaka koga ćemo zajedno podizati. Ne, nisam shvatao, i zahvaljujući toj zbunjenosti, upoznao sam, nesumnjivo, najmunjevitiji razvoj koji mi je bilo dato da doživim.

Jer, pošto mi se ovo dogodilo, već, i pošto smo to utvrdili, nesumnjivo, dok smo čitali prethodne redove, u izboru koji sam imao pred sobom nije bila samo jedna stvar. Bila je to neka vrsta stavljanja na mesto, to sa čime sam se suočavao, i nadalje mi se nije ukazivao nikakav izlaz koji bi mi dozvolio da nazrem budućnost nad kojom neće biti nekakve senke. Ta žena, koju sam čekao i koja je mene čekala, čekala je mene, ako je verovati njenom istrajnom osmehu, i isto tako čekala dečaka, na šta nisam bio upozoren i što mi je sručila u lice tek tako, odvraćajući na pitanje za koje sam želeo da bude banalno uprkos njegovoj ozbiljnosti, zgodno da se učvrsti naš odnos koji je bio u začetku. Ali vedrina tona kojim sam joj postavio to pitanje ni u kom slučaju nije podrazumevala da se na njega može odgovoriti onako žestoko.

Međutim, to je bila činjenica, i dok je ona sada široko odmakla ruke od tela, pustila ih da vodoravno plutaju na milost i nemilost buri koju je izazivalo dečije pljeskanje po vodi, kao da želi da izmeri nivo, ili čak da ga održava, ili možda da odredi masu, poput babice, trbuha koji su iznutra namučili svi oni mladi životi koji su se u njemu kretali u haotičnom pljuskanju, posmatrao sam tu ženu i, ne čini mi se prejaka reč, nikako preterano anahronična, nastavio sam, nastavio sam, kažem, da je volim, da je priželjkujem, da je želim. I već sam počeo da se naginjem, zamišljajući dete, tog dečačića, jeste, i da se nadam da onaj koji ga je začeo ne pripada onoj drugoj masi, onoj ogromnoj, muškaraca kakve moja savest ne prihvata, i ubrzo sam se našao na dva prsta od odluke da pitam, tu ženu, ko je otac, kako izgleda, i pre svega da li je, kada ju je napustio, tu ženu, koja me je osvojila, mene, ili kada je ona njega prezrela, ostavio neku mogućnost da taj dečačić ne bude nimalo sličan drugim.

Osim ako, rekao sam sebi, naravno, na sreću, dete ne bude ličinlo na nju, po svemu, ljupkosti, blagosti, snazi. I ta pomisao, čini mi se, pomogla mi je da ne izaberem, da produžim putem koji mi je pokazivala ta žena, putem koji je od sada bio savršeno ocrtan, što mi je omogućilo da promenim temu, održavajući u svom prihvatanju neku vrstu opuštenosti, što je u stvari postalo obeležje koje je ona možda primetila, opuštenost je bila tako očigledna.

Tako sam toj ženi uputio neku opasku, prilično beznačajnu, povodom reflektora, govorim o reflektorima koji osvetljavaju bazene, kada su pokriveni, ispod zemlje, jer ako ih nema, onda je mrak, i mogao sam da vidim kako podiže jedno oko u visine. To je bio prvi, ili bezmalo prvi put, otkako smo se sreli, da me ona nije gledala. I po drugi put, tako oslobođen njenog pogleda, video sam je, kao što sam je video na početku, dok ona mene još nije bila videla, i čini mi se da je taj prvi put kada sam je tako video bio jako davno, pre mnogo časova, ili mnogo dana, i da sam krišom posmatrao ženu koja, učestvujući pomalo u mom životu, već, nemarno zauzima izvesno prostranstvo, izdvajajući se nezlobivo iz bilo kakve svakidašnjice koja je mogla biti naša.

Njen pogled se tada vratio na mene, i pošto mi je odgovarala, povodom reflektora, da je čudi što jače ne povređuju oči – ali je to možda bilo zato što, dodala je, ne samo što ne gledamo u njih, nego ih i ne vidimo, i tako su naše oči, pošto naša svest na sreću odustaje od toga, zaštićene od njihovog sjaja – učinilo mi se, ali to je bila samo sitnica, postalo je sitnica, da na deset metara od sebe, dakle, prepoznajem Marž.

Očigledno, duh mi je bio na drugoj strani. Samo me je zaokupljala pomisao da se radi o dečaku, i pokušavao sam da se naviknem na to, ipak, dok čekam da ga ta žena napravi, govoreći sebi da je u krajnjoj liniji taj sin njen sin, naročito dok je mali, onako, tek rođen, nisam mogao znati kako ću reagovati, na kraju krajeva, ta žena me je ipak već promenila, pa onda zašto ne bi i on, njen sin, uskoro koristeći ono jednopolno tepanje kojim se izražava svako dete, i za koje znamo kako nas zbunjuje, onda zašto ne ja, ha, a kasnije, držeći njegovu ruku u svojoj, povešću ga u školu, njenog sina, koji će biti pomalo i moj, tada, govorio sam sebi, pošto ću ga ja oblikovati, vaspitati ga da voli žene, da počne od svoje majke, i da zazire od muškaraca, osim mene, ali i od devojaka, kasnije, onih koje će dovoditi kući, to me je ipak utešilo, ta pomisao, da će mi dovoditi devojke, veza neće biti prekinuta, govorio sam sebi, i na kraju, možda je to i dobar izbor, sin, najbolji, jeste, dok bi ćerka, da li si pomislio na to, pa ona bi ti dovodila muškarce, pre ili kasnije, u tvoj veliki stan, eh, nisi to očekivao, ha, govorio sam sebi. I, svakako, kada mi se učinilo da sam prepoznao Marž, koja je pošla prema meni, obuzeo me je samo jedan nagon, da nestanem, da se sakrijem. Znao sam ja kako da se sakrijem na bazenu, pod vodom, ali problem je bio u tome što nisam hteo da se krijem, hteo sam, naprotiv, da ta žena, čije ime još nisam znao, vidi mene, da nastavi da me gleda, da se navikne na pogled na mene. Ukratko, ovoga puta, nisu mi pružili štap, s trnjem ili bez trnja, za koji bih morao da se uhvatim, nego pravu pravcatu odluku. I ja sam se uhvatio za nju.

Pretvarao sam se da uopšte ne prepoznajem Marž. I, u isti mah, Flora je zaplivala. Ona se zvala, da, ili tačnije, tražila je od drugih da je zovu Flora. To sam saznao kasnije, i kada sam saznao, to me je navelo na razmišljanje kako je u svom stanju, ipak, mogla da pokrije celo svoje ime, Florans, koje je bilo manje simbolično, ali, brzo sam sebi rekao, ipak nalik simbolu, u svakom slučaju, tako se zove, ona, Flora, to je dakle ona, to je moj život, stvar je prosta, uopšte više ne želim da raspravljam.

Čak sam počeo da volim i to ime.

U međuvremenu, Flora je plivala. To jest, pošto je skupila pa raširila ruke ispred sebe, zaronila je, bez vidljivog prelaza, kao da ju je povuklo dno, pa mi se potom učinilo da se ustalila, kao čamac, na svojoj kobilici, dok je pramcem sekla vodu obema rukama, koje je ciklično spajala, i da se udaljava od mene u sporom ritmu, dok su joj mala stopala – koja sam tek otkrivao – ponekad izvirivala na površinu poput završetka dubokog zamaha klackalice, koji nije umela nimalo uspešno da osujeti.

Ukratko, ostavljala me je.

Pred Marž.

Koju nije poznavala, u to nema sumnje.

Kako bilo da bilo, govorio sam sebi, podudarnost je uznemiravajuća.

Za Florom sam zaplivao i ja.

Stigao sam je na kraju velikog bazena, obeležen natpisom okačenim na lanac razapet duž bazena, povijen.

Prošli smo ispod natpisa – veliki bazen, pisalo je na njemu, dubina 1.5 metara – i ja sam Flori dobacio, iza svojih naočara, pogled iskosa koji je značio da sam, na ovaj bazen, i ja došao da bih plivao.

Da se, dakle, ovde ne dešava ništa, što se mene tiče, osim najuobičajenijih stvari.

Bio je to prvi kraj puta do kojeg smo zajedno došli.

Na kraju velikog bazena, Flora se zaustavila i stala na noge, ramena su joj izronila.

Tako sam se upoznao sa osloncem za stopala. Izbačen dvadeset centimetara, na dubini od, otprilike, metar i trideset, služio je tome da se napravi predah.

Uzdahnuli smo.

Video sam kako Marž ulazi u vodu.

Dolazila je prema nama.

Upitao sam Floru da li je umorna.

Ona se napola osmehnula, i rekao sam joj da ću se vratiti.

Uvek sam to govorio ženama. Čak i kada bih otišao samo do toaleta.

Možda su me zato ostavljale.

Ali nisam strahovao da će me Flora ostaviti.

Usput sam se mimoišao s Marž, koja me nije ni pogledala.

Nisam ni ja nju.

Kada je stigla do kraja velikog bazena, napravila je polukrug, i Flora je zaplivala s njom.

Do mene su stigle zajedno.

Nisam imao snage da Flori okrenem leđa.

Tako sam se suočio s Marž.

To je zaista bila ona. Deset godina je prošlo, tek tako, mirno, jedna za drugom, a da se nijedna godina, po svemu sudeći, nije naročito isticala svojom žestinom. Marž je bila jedina zaista lepa žena koju sam upoznao, sasvim slučajno, uostalom, i još je bila lepa, čak je bila i lepša.

Ali već odavno je više nisam voleo.

Štaviše, desilo se nešto neobično, nešto što mi se učinilo neobično, i nisam u to poverovao.

Marž me nije prepoznala.

Nisam išao tako daleko da skinem naočare kako bih joj pružio priliku da se priseti. Što se mene tiče, to što sam ja nju prepoznao, iza njenih i mojih naočara, nije bila neka moja velika zasluga, pošto sam ja fizionomista. Ljudi mogu da se menjaju, deset godina može da prođe, prepoznam ih na prvi pogled. To je način na koji ja obraćam pažnju na druge ljude.

Malo mi je zasmetalo što me Marž nije prepoznala, a ja sam, međutim, stavio jedno ime, njeno, na dve jasno različite usne, jedna od njih, ona donja, naglašavala je onu drugu toliko da ju je bezmalo brisala, toliko je bila ispupčena; na nos, s desne strane, s nozdrvom koja se balgo izvijala, što je okvir naočara ovde naglašavao; i na sićušno pomeranje, u dnu lica, ovalnog oblika, do tada savršenog, u pravcu običnijeg, ali u isti mah i čulnijeg, kružnog oblika. Malo mi je zasmetalo, ali, rekao sam sebi, ne treba da se čudiš što su se stvari tako uredile. Treba, međutim, primetiti da je Marž, protivno svakom očekivanju, došla na sastanak koji ti je zakazala, ali je isto tako moguće i da je svakako morala da dođe na bazen. Da je to mesto gde održava formu. A ona druga žena, ona ti, međutim, nije tu zakazala sastanak. A ipak je došla. Prema tebi. Zajedno s Marž, tako je. Ali ona odlazi.

Marž je zaista ponovo krenula prema velikom bazenu, dok je Flora, umorna, stala bočno pored mene kao da se vraća posle odsustva. Odsustva o kojem smo se dogovorili. I nisam znao šta ću s Marž, s njenim prisustvom, posle deset godina, s tim ogromnim komadom života daleko od mene koji mi je isporučila, tu, na tom mestu, prirodno, u vidu zrelog tela, pogleda koji više nije umeo da me vidi. Očigledno, zbrka. Ali zbrka koja ne nosi posledice, i sve me je teralo da pređem preko nje, da je otpišem, uostalom, ne samo nju. I ja sam otpisan. Čak više i ne postojim. Na sreću, nisam više bio pri sebi. I da nije bilo visokog pritiska, bio bih sklon da poverujem kako mi razdoblje koje započinje donosi smirenje.

I Flora je u izvesnom smislu težila nekakvom predahu, kao da ju je umor pozivao da pođe u sledećim minutima. Raširila je ruke, ponovo, postrance, istim onakvim pokretom je spustila ruke na vodu, ali ovoga puta su u njenom pokretu bile premise izvesnog zaključka koji me je smesta naterao na oprez.

Na sreću, Flora nije bila samo umorna. Uskoro mi je i saopštila da je umorna. Umorna sam, tačno tako mi je rekla, i ta rečenica je zadugo za mene ostala to što je i govorila, dugo vremena je čuvala svojstvo priznanja. Uvek sam dirnut kada, u ma kojem kontekstu, čujem najavu priznanja. Čak i ako mi neki muškarac na takav način pomene da ima blagu hipoglikemiju, što njega uopšte ne potresa, a evo, ja se potresem poput kakve devojčice. Ima u životu takvih rečenica, sa smislom koji se ne može odgonetnuti, i koje nas primoravaju da ih zaobilazimo.

Dakle, Flora je htela da ide. To mi je kazala. Nema sumnje, dešava se da žena, kada nas obavesti o nekoj takvoj svojoj želji, hoće da kaže i da nas ostavlja. Ali to nije bilo ono što je Flora govorila. Govorila je: Umorna sam, a njen pogled, duži od reči, dodavao je ono što je u stvari bio njihov smisao: Hajdemo.

I ne preterujem kada kažem da smo pošli.

Sve se dešavalo na pomalo čudan način, naravno, pošto je Flora, računajući da ću ja makar donekle dopuniti njenu rečenicu i sam izgovorivši neku reč, ili napravivši pokret, još obema rukama pruženim vodoravno pored sebe proveravala vodu u bazenu, kao da se, pošto je sama odlučila da ćemo poći, i pošto je moralo biti tako, uz moju pomoć ili bez nje, zadovoljila time da sačeka da nivo vode poraste i da nas ona sama podigne i izbaci na suvo. Ali ja sam preuzeo na sebe da ubrzam pokret i predložio Flori da iziđemo i pođemo da popijemo nešto u nekom kafeu.

Očigledno, bilo je pomalo smešno, odnosno regresivno, pošto smo već bili zajedno, to što sam polugoloj ženi u bazenu, gde sam i ja bio zajedno s njom, polugo, predložio da se ponovo nađemo, obučeni, i još pritom na suvom, uz malo tečnosti, što će biti jedina uspomena na vodu u kojoj smo se nalazili, smešno mnogo manje tečnosti, tek onoliko koliko je sadržano u čaši u koju nećemo moći da zaronimo ništa osim, u najboljem slučaju, plastične slamčice obavijene koturom limuna. Ali ona nije izgledala zaprepašćeno. I krenuli smo preko lestvica, svako prema svom tušu, dogovorivši se da se nađemo kod fenova za kosu u blizini kase. Kod fenova za kosu, koji takođe rade na novčiće.

Dozvolio sam sebi da malo zaostanem za njom, dok je prolazila kroz kadicu za pranje nogu u pravcu tuševa, rekavši sebi da ću je stići pošto ću se brže obući, što mi se učinilo verovatno: na dva koraka od muške kadice za pranje nogu, zastao sam da bacim pogled na bazen, kroz koji je Marž još napredovala.

Čudno je to što, zaključio sam, ona kao da me i ne traži. To mi se učinilo neverovatno, pa sam se upitao da li je to zaista ona. Očigledno, u prepoznavanju koje sam obavio, vodio sam računa o vremenu, i učinilo mi se da sam, uprkos svemu, prepoznao njeno vidno promenjeno lice. Mada je ono što mi se učinilo drugačije, a što sam pripisao godinama, lako moglo biti i nešto što bi, kod neke druge žene koja nije Marž, u potpunosti potvrdilo njen identitet, dok je ono za šta mi se učinilo da sam prepoznao kod Marž, kod neke druge žene, naprotiv, moglo poticati od promene, odnosno podmlađivanja, ako priznam, naravno, da između te dve žene postoji mnogo sličnosti.

Kako bilo da bilo, posmatrao sam tu ženu, Marž ili neku drugu, kako pliva u pravcu velikog bazena kao neko ko se udaljava i čije lice se briše, kao da je prostor, kao da je rastojanje koje je između mene i nje ostavila ta žena, fizički, zamenjeno vremenom koje je proživela bez mene, zauzimalo, uvećavajući u meri u kojoj je ona napredovala, dimenziju zaborava. I jedini znak koji mi je bilo dato da primim, pre nego što sam napustio zonu bazena, bio je onaj koji mi je uputio muškarac koji mi je namestio kopču. Mahao mi je, s druge strane velikog bazena, stojeći na osloncu za stopala, široko zamahujući rukom, što me je nateralo da na trenutak razmislim o čudnovatom drugarstvu koje ponekad vezuje ljude, pod izgovorom da su se zajedno borili protiv neke nevolje, ma koliko sićušna ona bila.

Imao sam manju poteškoću sa čarapama. Stopala, verovatno, predstavljaju deo tela koji je najteže obrisati, zacelo zato što čovek, kad ne može da sedne – kao što je sa mnom bio slučaj u toj kabini čiju sam klupicu pretrpao svojim stvarima, koje nisam hteo da nakvasim ostavljajući ih na podu, koji je već, sam po sebi, bio mokar – zato što čovek, kažem, ne može da dohvati tabane, peškirom, nikako drugačije osim jedan po jedan, po cenu teškoće oko stajanja na jednoj nozi. Naime, pošto je pod bio mokar, trebalo je da još pritom, pòšto sam manje-više obrisao levo, to stopalo držim u vazduhu, kako bih navukao čarapu, i da sve vreme stojim na desnoj nozi, u čemu samo jednom nisam uspeo, istina, ali taj jedan put je bio dovoljan da, pošto mi je leva noga najpre nekako promašila, a zatim pogodila baricu nad kojom sam održavao ravnotežu, budem primoran da je ponovo obrišem. Na sreću, nisam još bio uspeo da navučem čarapu. Ali nisam sa tim stopalom imao najviše nevolja.

Stojeći zatim na levoj nozi, zaista, konačno sam navukao čarapu i, pri tom koraku, ako tako mogu da kažem, takođe i cipelu, i bez previše muke uspeo da održim u vazduhu desnu, golu, ali na ovoj poslednjoj, koja je nažalost još bila previše vlažna da bi kliznula bez teškoća, druga čarapa je stigla do pola puta i odbila da ide dalje, tako da je, sa one zatvorene strane, ostala da visi, dok sam ja uzalud vukao, sa otvorene strane, da je ipak kako-tako navučem. Tokom nekoliko dragocenih trenutaka, dakle, ništa nije pomagalo, pa sam ubrzo celu čarapu morao da skinem i da je tek onda navučem, ovoga puta tako da uz pomoć zatvorenog kraja, postavljenog poput branika na nožne prste, odmotam i povučem otvor do odgovarajuće visine, to jest, do gležnja.

Da i ne pominjem kako pete, one na nozi i one na čarapi, nikako nisu mogle da se tačno uklope. Jasno, bio sam u još većem zakašnjenju.

U žurbi sam stigao do fenova za kosu, ubeđen, u svojoj dugotrajnoj euforiji, da se Flora nalazi tamo, verno se držeći našeg dogovora, ali nije bila tamo. Odbio sam, međutim, da se uznemirim zbog toga, nego sam bio ubeđen da ona kasni više nego ja, da me nije ostavila na cedilu, onako kako se obično dešavalo i, kada se pojavila, umalo se nisam onesvestio, ali sam uspeo da se obuzdam.

Kako sam znao i umeo, dakle, prikrio sam svoju nevolju, koju je trebalo, govorio sam sebi, potpuno da sakrijem, pošto Flora, nesumnjivo, ne bi shvatila da mogu da postanem plen tako nečega. Izgledala je kao da smatra da je to nešto prirodno, to što je ona tu sa mnom, mada je proteklo dvadeset dugačkih minuta otkako nismo bili zajedno. Ponovo me je pronašla, dakle, tek tako, i, primetio sam to, uopšte nije izgledalo kao da iznova uspostavlja, nego kao da naprosto nastavlja naš odnos tamo gde smo ga ostavili, kao da je, već, ono malo što smo proživeli zajedno predstavljalo nekakav dobitak. Tako sam uzeo sebi slobodu da u tome uživam, i dok se ona sušila ispod jednih od onih čeljusti prikovanih za zid, živo mašući glavom onako kako to žene ponekad čine u tim prilikama, čime je s jedne ili sa druge strane širila neslućenu masu svoje kose, ja sam je posmatrao krišom, gotovo srećan, već, računajući da mojoj sreći sada nedostaje samo malo vremena, od sada, uvek još malo vremena, naravno, koje bih proveo u njenom prisustvu, bilo gde, očigledno, po bilo koju cenu.

(Iz te cene, u svakom slučaju, da ne bude nesporazuma, isključivao sam novac. Imao sam ga malo, a ni budućnost mi ga uopšte nije obećavala. Ali nisam bio zabrinut, nisam dugo razmišljao o toj strani stvari.)

Isto tako sam Floru video, prvi put, pošto jedva da sam je i poznavao, obučenu. Trudio sam se, iz stidljivosti, da je ne zagledam previše onako iznenada pokrivenu jednom od svojih naročitih haljina, prilagođenih njenom slučaju, ali mi se činilo da baš njena haljina nije prilagođena, u svakom slučaju, ne dovoljno, ispod grudi se nabirala, padala daleko ispred nje, izgledalo je kao da haljina nosi nju. Time hoću da kažem kako je dete, pomalo na odstojanju od nje, kao da hoće da joj prokrči put, toj haljini, nesumnjivo u pravcu svlačionice, ili, što je verovatnije, staretinarnice, gde će je se otarasiti čim dete bude napravljeno, onaj privremeni izgled koji je štrčao, u njenom držanju, pošto je Flora izgledala, u toj haljini, kao da glumi ženu koja će tek biti, kao od filigrana, osim toga, haljina je bila providna, kroz nju se sve prozirilo, sve što je bilo, sve što će biti, barem što se nje tiče, a što se tiče mene, nisam se usuđivao da se previše zalećem, već je bilo mnogo i to što je ta žena bila tu, sa mnom, u trenutku kada samo što se nije porodila, kao da je bila spremna da mi podari plod svoje trudnoće, ali ja nisam tražio toliko, ne, u svakom slučaju ne odmah, umem ja da čekam, govorio sam sebi, svejedno mi se dopadalo da se navikavam na pomisao na to čekanje, da zamišljam datum, svakako u skoroj budućnosti, uostalom, govorio sam sebi, ali ipak, morala je znati neki datum, ta žena, imati neku neodređenu predstavu, i, odjednom, ne oklevajući dalje, upitao sam je.

Dok sam sebi govorio, ovoga puta, kako sam otišao predaleko, Flora mi je, četkajući kosu u velikim potezima, uputila neki defanzivan odgovor, iz kojeg sam sasvim slučajno zapamtio reč petnaestodnevni. Uistinu, tu reč je ona pustila da lebdi na površini rečenice, bilo da ju je napola progutala ili promrmljala, pa je samo mali deo njene supstance bio dotaknut tom napomenom, bilo da sam ja tako zaključio iz nekog opštijeg smisla, iz nekog prizvuka, slabo se sećam, ali smo u svakom slučaju ubrzo, na ulici, u potrazi za nekim kafeom, ćaskali bez imalo ustručavanja, dotakavši se čak i pitanja imena, imena deteta – o čemu, pošto se radilo o dečaku, nisam imao ni najmanju predstavu, ali na moje iznenađenje, nije ni ona – što mi je pružilo priliku da Flori ispričam, dakle, onu priču o imenu, to da čak i ne znam njeno ime, ali ga ona zna, neizbežno, nije to isto što i ime deteta, dakle, pa onda može i da mi ga kaže. To će biti početak, rekao sam. Ja lično, ja sam Lik, ali to nije važno, uglavnom me radije zovu Gavarin.

Pošto smo koračali u pravcu ne znam čega, kafea koji smo tražili, nema sumnje – ali tog pitanja se nismo doticali, i prošli smo, ne pominjući to, pored više lokala te vrste, uostalom, zatvorenih – Flora, koju logično nimalo više od toga nije zanimala moja torba, upitala me je, naprotiv, šta nosim u aktovki.

Nije me pitala šta u njoj imam, nego šta u njoj nosim. Kao da moja aktovka, u njenim očima, baš kao i ona sama, dok je onako oprezno koračala, pomalo zaostajući za samom sobom, sitnim koracima, vrhova stopala okrenutih prema spolja, u scenografiji čija me klasičnost nije onemogućila da budem opčinjen njome kao savršenom retkošću, kao da moja aktovka, rekoh, može sadržati samo nešto izuzetno, i kao da nisam tog istog dana sebi natovario tu istu aktovku iz nekih naročitih, čak čudnovatih razloga, u svakom slučaju, razloga koji su njoj bili dovoljno zanimljivi da bi se, ohrabrena početkom prisnosti koja se uspostavljala tokom našeg razgovora, usudila da postavi neko pitanje o njima.

Tada su me svladala pomešana osećanja, gde se čuđenje borilo za mesto sa zahvalnošću, i gde su i jedno i drugo ustuknuli, na kraju, pred svešću o taštini. Od te žene, jedine koja se ikada malo ozbiljnije zainteresovala za moju aktovku, u stvari nisam očekivao da će se brinuti oko toga, ili tačnije, ta aktovka, koja je zainteresovala ovu ženu koju sam počeo da smatram za svoju, više me nije zanimala. Međutim, bila je prazna, setio sam se, i nisam to hteo da kažem. Bilo bi previše zamršeno, previše dugačko za objašnjavanje, slagao sam.

Ništa, ništa, rekao sam.

I to što sam na taj način u izvesnom smislu izgovorio jednu istinu oduzelo mi je svega pola sekunde, odmah potom, pod uticajem nekakvog odjeka smisla. Nasuprot Flori, koju sam u isti mah uveravao kako moja aktovka sadrži nešto što želim da prećutim. Odnosno, za mene je to jasno, razume se, uopšte nisam krio od nje svoj stid što nosim praznu aktovku, koja i nije bila tako velika, u krajnjoj liniji, pošto moji razlozi nisu bili tako loši, ne, skrivao sam od nje samo svoj stid što imam tajne, tajne koje čuvam od nje, a želeo sam da između nas dvoje ne može da se umeša ništa što bi predstavljalo ozbiljnu prepreku. Pošto sam onako nedvosmisleno slagao, ili barem onako jasno izbegao pitanje, morao sam da preuzmem na sebe odgovornost da postavim novo, i dok sam ga tražio, Flora, koja nije izgledala preterano zaprepašćena mojim izbegavanjem, ponovo je pomenula bazen, rečima koje su nagoveštavale, učinilo mi se, da bismo mogli da se ponovo tamo sretnemo.

Ja, međutim, jesam bio zaprepašćen njenim predlogom. Odista, bazen, došli smo i do njega, on je, bar za mene, bio daleko, pa sam mislio da je daleko i od nas, daleko iza, pošto smo Flora i ja išli napred, od sada, tamo gde više nikada neće biti bazena, ni Marž, ni An Lebedel, da mi bacaju u naručje žene koje tumaraju po bazenima, i još pritom, osim što nisam želeo da ponovo sretnem Marž, bazeni mi se ne sviđaju previše, zaista, čak sam bio srećan što sam tamo sreo Floru, tek tako, eto, desilo se, ne treba više da se gnjavim s tim pričama, a evo Flora, činilo mi se, kao da se nije već nešto desilo, između nas, nešto neopozivo, predlagala mi je da se vratim nazad tokom sledećih dana.

Ne, rekao sam, dakle. Ne dolazim na taj bazen. Ne odlazim ni na jedan. Ne volim naročito bazene. Ali, ne znam da li je moguće, voleo bih da vas volim, vas, mada je to već gotova stvar, rekao sam, već volim što vas volim, ali, dodao sam, kako bih bio dobro shvaćen, bazene baš i ne volim nešto naročito. Kao ni, uopšte, prošlost, dodao sam još, ali sam rekao sebi da to nije dovoljno jasno, kao napomena, u ovom kontekstu. Onda sam zaćutao pošto sam se setio šta sam upravo rekao. Potpuno si lud, rekao sam sebi, ili tačnije, nedostaje ti najosnovniji oprez, nema sumnje da hoćeš da napraviš budalu od sebe. Još ti samo to fali, da praviš budalu od sebe, ha. Istina je, ne zna se koliko će ti puta ostati neka mala mogućnost da ne pokvariš sve, nikad se ne zna, i zato sve odmah zajebi. Uvek je bolje to nego sreća.

Pa šta ste onda tamo radili? rekla je Flora.

Naime, ona je razgovarala sa mnom. Odgovarala mi na pitanja. Odista, bio sam rekao nešto, na početku rečenice, nisam se više sećao šta, neodređeno sam znao da je bila reč o bazenu, a, da, sad sam se setio, ne odlazim na bazen, rekao sam, pa šta sam onda tamo radio toga dana, jeste, to pitanje ima smisla, rekao sam sebi, ova žena će me izluditi jer je zanimaju samo sitnice, ali ne, budalo, bolje joj se zahvali, ostavlja ti mogućnost, evo, čak ti pruža priliku. Pa reci joj onda nešto, bilo šta, da ti se pokvario tuš, eto. Tuš će ti biti pokvaren. Zar ne?

D-d-da.

Tuš mi je pokvaren, rekao sam.

Ćorak.

Pre svega zbog tuša, nastavio sam. Morao sam da se okupam. Ne znam da li ste primetili, ali više nema baš mnogo javnih kupatila, u današnje vreme. Znate, ona mesta na kojima su čak i fasade popločane.

Osim toga, i mahao sam rukama. Uz moje uspomene, slabe, koje sam na brzinu nagomilao, pokušavao sam da rekonstruišem fasadu javnog kupatila.

Time sam zaslužio osmeh. Malecki. Ne znam kako da to shvatim. Na kraju krajeva, samo neka si joj zabavan.

A sutra? rekla mi je Flora.

Sutra? rekao sam ja.

Jeste, sutra, rekla mi je Flora. Sutra se ne kupate?

Neka ulica se ukazala s desne strane, i umalo nisam zamakao u nju kako bih nestao.

Kupam se, rekao sam. Znam nekog vodoinstalatera, ipak. Ipak postoji neki vodoinstalater u mom životu. Svratiće tokom dana.

U svakom slučaju, rekla mi je Flora, ja više neću ići na bazen.

Ah, rekao sam ja.

Nije mi baš sve bilo jasno. Osim ako naša priča nije završena, tu, ako nije prošla onu tačku na kojoj ja nisam nestao, i ako sad ne treba da se spremim da se naviknem na to. Rutina, jednom rečju. Mada sam se malo odvikao od toga. Snažno sam stezao dršku na aktovki.

A ako bih ja ponovo išao? rekao sam.

Na bazen?

Da, rekao sam. Vi ne biste došli.

Vi ne biste ponovo došli, rekla mi je Flora. Ne biste više došli zato što ja to od vas ne bih tražila. Ali sam htela da znam da li ćete ići ponovo, ako bih od vas to tražila.

Da li još želite to da znate? rekao sam ja.
Da, rekla je ona.
Da, rekao sam ja.
Ali ne tražim to od vas, rekla je ona.
Istina, rekao sam ja.
Vraćam se kod brata u Korez da se tamo porodim, rekla je ona. Sutra.
Izgledala je kao da očekuje da ću se ja začuditi. Ali ja se nisam začudio. Bio sam spreman na bilo šta. Nešto u mom držanju ju je zacelo dovelo u zabludu. Neka sitna napetost na licu, nema sumnje.
Vozom u devet i pet, dodala je.
Koji broj? rekao sam ja.
Bio sam na putu da se naljutim. Zato što se otvorilo nebo. Ne. Prozor. Prozor na vagonu. Osim ako nije rezervisala sedište do hodnika.
Čekajte, rekla je.
Potražila je nešto u tašni. Stigli smo do drugog semafora. Bila je to četvrt na strmini. Nije bilo ničega zanimljivog u poprečnim ulicama, a u onoj kojom smo se spuštali, radnje su bile zatvorene. Niže dole je bilo isto. Mogli smo mirne duše i da ostanemo tu. Bilo nam je dobro, da stojimo tu na pločniku.
Pokazala mi je kartu.
Naterala me da je pročitam.
To je bilo privlačno.
Vratio sam joj je.
Pristaćete da vas ispratim, rekao sam.
Hoću, rekla je ona. Ali to ne bi bilo razumno.
Pogledali smo se.
To nisam rekao, rekao sam.
Reći ću vam nešto, rekla je ona. Ne želim da vam to zabranim. Ako vam to ne smeta.
Ne preterujte, rekao sam. Ali pre svega se pitam jednu stvar. Voleo bih da znam.

Da?
Nismo se ni pomakli.
Da li vam to pričinjava zadovoljstvo, rekao sam.
Da, rekla je.
Nisam je pitao šta joj pričinjava zadovoljstvo. Da je ispratim na voz, da putujem s njom vozom, ili da živimo zajedno do kraja života, zajedno s malim. Na toj tački se pojavila blaga neizvesnost.
Ali bilo je prekasno. Naš razgovor se dobro odvijao, na tom mestu, i nisam osećao potrebu da ga povedem dalje.
Najvažnije je to što nisam video razloga da ne pođem. Nisam ih ni tražio, nisam osećao da je vreme za to. Razmišljanje je bila poslednja stvar koja mi je bila potrebna. Bila mi je potrebna ona. A ona je pošla.
Treba da nađemo neki kafe, rekla je.
Da, rekao sam ja. Svakako.
Nisam se micao. Posmatrao je.
Nisam više video nikakve koristi od kafea, sada.
Ona jeste.
Stvarno treba da nađem neki kafe, rekla je.
U redu, rekao sam.
Produžili smo niz ulicu. Pri kraju se otvorio neki kafe. Ušli smo unutra, Flora je nestala u toaletu. Naručio sam dva soka. Jedan žut, drugi ružičast.
Treba da krenem, kazala mi je kad se vratila.
Hteo sam da znam kuda. Ali se tu postavilo drugo pitanje: neću je ispratiti na stanicu. To je njena stvar, da ode na stanicu. Zajedno sa svojim prtljagom, naravno. U svom stanju, nema sumnje. Osim ako, rekao sam sebi, ne nađe nekoga da je isprati. To je muka živa. Naravno, nemam nikakvog prava nad njom. Do sutra. Devet i pet, rekla je. Svojim sam očima pročitao. Nisam, dakle, sanjao. Ipak, brzo je otišla. Sada, hoću da kažem. Tako smo malo razgovarali. Ali rado-

valo me je što me ostavlja. Nisam video kako bismo inače jedno drugome rekli do sutra. A osim toga, nisam se usudio, nisam mogao da joj predložim da dođe kod mene, izgubio sam ključeve. I nisam ni bio raspoložen. Kao ni da ja odem kod nje. Ona mi to uostalom nije ni predložila. Ostanite još malo, rekao sam.

Ne, rekla je. Stvarno treba da krenem onamo.

To njeno *onamo*, na tom mestu, rado bih skupo platio da saznam šta se iza njega krije.

Nije tačno da, zato što se stvar odvija tako brzo, rekao sam sebi, sve ovo ne postoji.

Nego zato što postoji, rekao sam sebi, zato se odvija tako brzo.

Jedno je dokaz za drugo.

U svakom slučaju, sutra odlazim.

U svakom slučaju.

Molim vas.

Izvolite?

Još jedan sok od ananasa.

Hvala.

Zatim ću se vratiti kući.

To sam hteo da kažem.

To sam pomislio, odjednom. Čovek samo kod kuće može zaista da se odmori.

Pa ću se onda vratiti u hotel, dakle. Nisam želeo da se razvlačim. Grad mi nije govorio ništa, taj dan nije bio sledeći. Samo me je veče privlačilo, pošto je bilo tako blisko noći. Primicao sam mu se, najbolje što sam umeo, ne napuštajući sobu. Prilazio sam čas jednom, čas drugom zidu, proveravao da li se vrata dobro otvaraju na trećem, držao se podalje od poslednjeg, uz koji je bio naslonjen moj krevet. Zatim sam sišao da telefoniram. Nema poruka na mojoj telefonskoj sekretarici. Ni od An, ni od Marž. Marž, to me je više uznemiravalo. Ali nisam bio uznemiren. Možda je mislila da nisam došao. Zabavno.

Čas bih legao, pa onda ustao, umalo nisam zaspao skoro u svitanje, pa sam radije uzeo da se obrijem. Kupio sam brijače za jednokratnu upotrebu pre nego što sam se vratio u hotel. I nešto odeće. Za sve ostalo, imao sam svoju sportsku torbu.

Brijao sam se sleva nadesno. Samouverenost, svakako, kojoj se pridružila žurba. Obično se nisam brijao sleva nadesno. Brijao sam se malo zdesna, ili sleva, pa onda malo sleva, ili zdesna. Simetrično. Gornji deo levog obraza, pa onda gornji deo desnog obraza. I tako redom. Na taj način, govorio sam sebi, ako se desi neka katastrofa, ako moraš da izletiš napolje, miran si. Niko neće moći da kaže da se nisi obrijao. Misliće da si počeo, tog jutra, da puštaš bradu, da puštaš jareću bradicu. Uvek sam bradu ostavljao za kraj.

Ali ovoga puta, ne. Uprkos ritmu, prilično brzom, mirno sam se brijao. Uopšte nisam strahovao od zemljotresa, od eksplozije gasa.

Što se tiče ona dva sata koja su mi ostala pre nego što se budem našao na šalteru na železničkoj stanici, ubio sam samo jedan. Žilavo se branio. Nadmen, taj sat, drzak. Sa mnom počinješ dan, govorio mi je. Rado bih bio mnogo duži, ali ne mogu tu ništa, to mi je u prirodi. Sve zavisi od tebe. Brani se, stari moj. Odolevaj, muškarac si. Trudi se. Zabavi se nečim. Videćeš kako ću proći.

I prošao je. Bio sam iscrpljen. Pred drugim satom, osmim, u normalnom vremenu, napustio sam bojno polje. Izišao sam iz sobe i krenuo prema stanici.

Sačuvao sam dvadeset minuta prednosti. Kupio sam kartu, došao do dela u kojem su oglasne table. Previše je rano da bi na njima pisao broj perona na kojem će biti voz. Flora nije bila tu. Normalno, rekao sam sebi. Nije stigla ranije. Deset minuta kasnije, upitao sam se da li će stići na vreme. Još pet minuta, i ponovo ću biti vedar. Na kraju krajeva, u uobičajenom stanju, govorio sam sebi. Ona više neće doći. Nije nikada ni nameravala da dođe. Ipak, računao sam, više bih voleo da dođe. Radije bih pošao zajedno s njom. U protivnom, da li ću uspeti sasvim sam da stignem do V...? A osim toga, imam samo pet hiljada franaka kod sebe.

Nisam računao da ću pozajmiti od Flore. Naprotiv. Rado bih joj ponudio sve što mi je ostalo. Uostalom, nisam ni znao šta bih sasvim sam mogao da uradim s pet hiljada franaka. Osim da istrajavam. Malo. Nije to tako loše, u suštini. Istrajavati na nekom drugom mestu. Negde drugde, a ne ovde. Ovde sam dosta to radio.

Tri minuta pre polaska, zabrinuo sam se. Nije to prava reč. Poludeo sam. Hvatao sam ljude za laktove. Da niste videli neku ženu, počinjao sam. Opisivao im je. Ne brinite se, govorili su mi oni. Ne bi trebalo da je promašite. Umalo se nisam potukao.

Uleteo sam u vagon. Ne znam kuda je Flora prošla, ali bila je tamo. Promašio sam je. Neverovatno. Osim ako me nije izbegavala. Ne. Upitila mi je mali osmeh. Saučesnički. Pitao sam se, u čemu. Neki muškarac je sedeo pored nje.

Smejali su se. Oboje su se smejali. Pre nego što sam stigao, zajedno su se smejali. Ostao je trag na njima. Čak i Florin osmeh, rekao sam sebi, ako stvar tako stoji, predstavlja samo nastavak. Nastavak njenog smeha. Njegovo povlačenje, u stvari. Ostatak pojave. Ušao sam u taj vagon, gde se ona smejala s tim muškarcem, i to joj onda više nije bilo smešno. Nije ni meni.

Našao sam slobodno mesto, na sedam metara udaljenosti, spustio torbu u odeljak za prtljag, iznad sedišta. Voz 6045, čuo sam, zatvaranje vrata, polazak za jedan minut. Vrlo dobro, rekao sam sebi.

Hajdemo.

Sedeo sam naspram nje. Voz je krenuo. Oboje smo bili na sedištima do hodnika, više nisam video onog muškarca. Video sam samo nju. Izgledala je kao neko ko sluša. Okretala je glavu, malo ulevo. Prema njemu. Zatim me je posmatrala. I ja sam posmatrao nju. Nikako nisam umeo ništa da stvorim, u svom pogledu. Ona u svojem jeste. Neku nežnost. Već smo dotle stigli, rekao sam sebi. Košmar. Onaj o kojem si sanjao, možda.

Pa ipak ne, rekao sam sebi. Taj muškarac joj je samo sačuvao mesto. Uostalom, u tom pogledu nema ničega drugog osim nežnosti. U krajnjoj liniji, tu je i ispitivanje. Ispitivanje one praznine koja se nalazi u mom pogledu. Ili tačnije, onog ispitivanja, u mom, koje se tiče njenog. Taj muškarac je sve sravnio sa zemljom. Trebalo bi da smognem hrabrosti da promenim mesto. Da zamolim nekoga ko sedi sam da zauzme moje mesto. Zato da bih ja zauzeo njegovo. Pošto ja nisam bio sam. Neki muškarac je čitao pored mene. Da zamolim, dakle, nekoga ko je sam da zauzme moje mesto, da mi ustupi svoje, sa slobodnim mestom pokraj njegovog, i sve to, zašto? Zato da bih Flori predložio da mi se pridruži, a ona sedi s onim tipom i nije uradila ništa da bi sela pored mene. I smeje se, zajedno s tim muškarcem. To tera čoveka na razmišljanje, rekao sam sebi.

Iza prozora, predgrađe se završavalo. Stambene zgrade su bile sve dalje od pruge. Postajale su zamkovi, zgrade na salašima. Jezera su se otvarala u zelenilu. U daljini se nazirao neki drum.

Dobro, rekao sam sebi. Nema sumnje. Voz putuje. Krenuo sam. Možda je ovo moje putovanje. Samo moje. To što me ona žena gleda, neobjašnjivo, a i dalje ostaje pored onog muškarca, koji je zasmejava, to je uobičajeno. Ona me prati u pakao. Drži me na dohvat ruke. Eno, govori mi, tamo ideš. Bez mene. Znam da će biti teško, zato ću malo ostati. Ali svakako se varam. Previše si osetljiv, ako te zanima moje mišljenje. Muškarci su oduvek radili to isto. Nema milosti, ne. Samo muka. Onaj način na koji se zalete u zid. To ima mnogo veze sa mnom, tiče me se.

Umalo nisam zaspao. Pokušavao sam. Tako će me, govorio sam sebi, kada budem otvorio oči, možda sačekati iznenađenje. Muškarac će nestati. A na mestu mog suseda, koji je upravo sklopio novine, sedeće ona. Uvek možeš da sanjaš.

Ali plašio sam se da zatvorim oči. Da ne iskoristi taj trenutak i da nestane. To bi ipak bilo jasnije. Ne. Bolje je ovako. Više volim da je gledam. Tako je komplikovanije. Komplikacije, rekao sam sebi, to je ono što mi ipak ostaje. I moja aktovka. Poneo sam je. To je ono što mi je ostalo od opreznosti.

Zatim je Flora ustala.
Prišla mi je.
Na svaka dva metra hvatala se za sedišta.
Naslonila se na moje.
Dobar dan, kazala mi je.
Nisam bio kadar da joj odgovorim. Hoću da kažem da mi je, u isti mah dok mi je oduzimala, tamo, moje sedište, tamo gde se naslonila, i gde sam ja ćutao, ja, uhvaćen, stisnut, smožden, iznenada, davala mi je i snagu.

Dobar dan, rekao sam.
Nije previše loše iznova krenulo, razmišljao sam.
Na mene se sručio nekakav mir. Nije tako teško, govorio sam sebi, ponovo se roditi. Osećao sam se go, oslobođen svojih sumnji. Ponovo sam otkrivao

život: prozirnost, u suštini. Ta očiglednost, koju nikada ne želim da vidim. Da vidim da postoji, negde, neko. Jednoga dana. I taj neko, danas. Ovde. Uostalom, ona je bila tu još od juče. To je zaista dokaz.

On silazi na sledećoj, rekla je Flora.

Bila se nadnela nad mene. Osetio sam njen dah. Ili sam ga zamislio. U svakom slučaju, šaputala je. Šapuće, govorio sam sebi, šapuće meni. Da on silazi. U jednom dahu. Otuda moja zabluda. Ne osećam ja to dah. Nego rečenicu, njen smisao, ono što mi ona predaje. Taj muškarac ne predstavlja ništa u mom životu. Ne postoji. Pridružite mi se posle stanice.

Kazala je ona, ovog puta.

Zatim je krenula prema toaletu. Video sam kako muškarac ustaje, uzima prtljag, polazi za drugima u hodnik. Voz je prikočio. Pet minuta stajanja. Muškarac je sišao. To je prirodno, svakako. Ne smeta. Flora se vratila, prošla pored mene. Dodirnula mi je ruku, sela na svoje mesto. Poželeo sam da sebi iščupam ruku. Nema potrebe da čovek ima dve ruke. Jedna ruka valjana, evo, a druga, koju mi je ona dodirnula, u formalin. Na kaminu. U mom velikom stanu. Kada me bude ostavila.

Ustao sam, seo pored nje, još me je čekala. Sada, pored prozora. Seo sam sa strane kraj prolaza. Više je u stvari nisam video.

Trebalo je da dođete, kazala mi je. Da mi kažete. Moj sused bi vam ustupio mesto.

Njen glas. Nisam govorio o njenom glasu. Kasnije.

Manje biste se smejali, rekao sam.

Ah, rekla je ona.

Oko vidi u širinu. Ne pomerajući se, uhvatio sam okrajak njenog osmeha. Govoriću i o njenom osmehu.

Nisam ja bila željna smeha, rekla je. Nego on. Meni je za smeh svejedno. Ljudi se smeju kad ne znaju šta bi bolje, ponekad. Uostalom, vidite, ne smejem se više, rekla je s istim osmehom. Smeta mi kad se smejem. Čini me nervoznom. Smejem se zbog nerava. Uvek. A vi, vi me smirujete.

Ne, rekao sam ja, to nije moguće. Nikako nije moguće. Ja sam izuzetno napet. Vi mene ne smirujete. U stvari, teško. Teško me smirujete.

Bolje i to nego ništa, rekla je ona.

I ne znam nikakvu smešnu priču, rekao sam ja.

Nećemo sada da se svađamo, rekla je ona, imamo samo jedan sat pred sobom. Posle toga, na stanici, tu će biti moj brat. On se zove Žan. Iznenadiće se kad vas vidi.

Poželeo sam da zaspim. Sada kada sam bio pored nje, to bi bilo idealno. A zatim da se probudim da vidim njenog brata. Pošto ću ga videti. Nisam to znao. Ništa nisam znao. To sam joj i rekao. Ništa ne znam. Vi me pratite, rekla je ona. Da, rekao sam ja. Ali dokle. Nisam to dodao. Ah, rekla je ona nežno. Aaaah.

Uhvatila se za trbuh. I ja bih voleo da je malo držim za trbuh. Ili njenu ruku preko trbuha. Preda mnom, moj bivši sused, muškarac s novinama, premestio se na mesto kraj hodnika. Posmatrao me je radoznalo. Bacio sam pogled na njega. E, da, govorio je moj pogled. Ova žena će se poroditi. Zato sam seo pored nje. To je moj posao. Brinem o ženama koje samo što se nisu porodile, u vozovima, i čim počnu prve kontrakcije, hop, ja ustanem sa svog sedišta i dođem. Spustim ruku na trbuh. Slabo se plaća, ali dobro.

Bolje vam je? upitao sam.

Da, rekla mi je. Prošlo je. Ali približava se. Trebalo je da se porodim za nedelju dana.

A sad? rekao sam ja.

Sad, rekla mi je, sad mi se čini da ću sad. Kad iziđem iz voza. Idem u bolnicu, rekla je. Odmah.

Zadržavala je plač. Lice joj se iskrivilo. Usta. Govorio sam o njenim ustima. Pa je onda sve otvrdlo. Negde na nju, bez razmišljanja, spustio sam ruku. Naišla je na njenu. Ostavio sam je tu. Flora se opustila.

Potrebna mi je pomoć, rekla mi je.

Da, rekao sam ja.

Pre svega joj je bio potreban neko. A ja sam bio samo ja. Osim toga, moja ruka na njenoj više nije delovala. Kada je dodir uspostavljen, naše toplote su se izmešale. Dodir se, to znamo, sastoji u razlici u temperaturi. Povukao sam ruku, da bi mogla da se ohladi. Zatim sam je vratio natrag. Njena se ohladila više. Zagrejao sam joj je. Tako smo, s rukama položenim na njen trbuh, jedna preko druge, u blagom ljuljuškanju voza, napravili neku vrstu poklopca. Nisam joj više govorio o detetu. Nalazilo se previše blizu. Naša strahovanja spojila su se u tišinu. Predeo je sada postajao brdovit. Jedna uzvišenja su zaklanjala druga, u samom dnu vidika mešala se i bledela. Nebo je bilo belo.

S vremena na vreme, pitao sam Floru šta ima novo. U redu je, govorila mi je. Sklanjao sam ruku. Čekao da zatraži da je vratim nazad. Nije tražila. Nije tražila mene. Ustajala je, koračala pridržavajući se za sedišta, prema toaletu. Ponovo sam je pitao da li je dobro. Jeste, govorila je. Dobro, odgovarao sam ja. Ništa drugo nisam dodavao, nisam se usuđivao. Nisam umeo. Predeo je promicao ni za koga. Čekao sam sledeću kontrakciju. Neka pati, govorio sam sebi. Ne tražim mnogo. Samo mali grč. Grčevit osmeh. Čekao sam.

Polako, odnosno brzo. Mnogo brže nego što je to obećavala ta sporost, samo privid, proticalo je vreme.

Zatim je ona mene uhvatila za ruku. Stigli smo na stanicu u V... Obgrlio sam je. Ne, kazala je, bolje uzmite moj prtljag. Ona se uhvatila za trbuh. Obema rukama. Biće vam dobro? rekao sam ja. Hoćete li moći da ustanete?

Hajdete, molim vas, rekla je. Ne preterujte. Prođe to. Kad prođe, prođe. Prošlo je.

Išao sam kroz hodnik za njom. Preko leđa su mi svuda bili prebačeni kaiševi, šake pune drški. Dok sam prolazio, hvatao sam se za sedišta. Ona je sišla sama, držeći se za šipku. Pošao sam za njom, pratili smo strelice. Jedni ljudi su čekali druge. Evo ga, rekla je ona.

Neki muškarac nam je dolazio u susret. Nisam imao vremena da ga pogledam. Prošao sam ispred Flore, stao pred njega, govorio mu o toj ženi ispred koje sam išao. Njegova sestra, jeste. Treba da požurimo, dodao sam. Da, rekao je on. Naravno. Drago mi je, dodao je. Zovem se Žan.

Dok nas je Žan, dakle, žustro vodio ka izlazu sa stanice, istovremeno se trudio da mi stegne ruku i da od mene uzme jednu, odnosno dve torbe, kojih sam se konačno oslobodio, kada smo jedan drugog dodirnuli samo malim prstom, koji je svaki od nas, uostalom, mogao da koristi, usled zahvata koje smo obavljali, tek u skromnoj meri, ograničenoj na samo prvi zglavak. Bio je to krupan i snažan čovek, snažniji od mene, o čemu su svedočili polovina glave, četvrtina ramena i dobra trećina trbuha po kojima me je, u sve tri poznate dimenzije, nadmašivao s nekakvom lakoćom u kojoj se čak nije nazirala nikakva taština. I više nego rečit, i to u tako raznovrsnim registrima da sam, pre nego što smo stigli do njegovih kola, već bio upoznat, prilično iscrpno, sa istorijom njegove porodice, situacijom na Rogu Afrike i krivuljom njegove potrošnje benzina, koja je, kako mi je objasnio, zavisila od godišnjih doba. Zimi je trošio manje. U Africi greje. Njegova porodica ima dugu istoriju.

Krenuli smo polako, zatim smo se povezli brže, svaki put vodeći računa o Flori i kočenju kada bismo se približili semaforima. Govorili smo malo, izuzev Žana. Ja lično nisam imao šta da kažem, u svakom slučaju, barem ne o svojoj situaciji, koja mi se činila previše nestabilna da bih mogao tek tako da je predstavim. Nisam tačno znao šta radim tu, i uzdržavao sam se da ne dosađujem Žanu, koji za time nije imao nikakve potrebe. Što se tiče Flore, već sam joj se, u odsustvu brata, tako kratko udvarao, da mi se činilo da je trebalo da se potrudimo da se upoznamo pre nego što je već bilo prekasno. To jest, pre rođenja. Počinjala je da me brine perspektiva umnožavanja posrednika u našim odnosima. I shvatao sam da je prekasno da nas dvoje ikada ostanemo nasamo. Pomislio sam da sam našao ženu i ubuduće, kad god budem otvorio usta, izložiću se opasnosti da se spetljam s porodicom.

Flora se požalila samo jedanput, posle treće kontrakcije. Gledala je na sat. Sedeći napred, kako je iziskivao običaj, ali i nužda, nestajala je u sedištu. Žan je nastavljao da me upoznaje sa svojim sklonostima, svojim brigama, svojim strahovima. Najpre, strah od praznine. U razgovoru, naročito.

Malo je pominjao Floru. Iz toga sam zaključio da ispod njegove otvorenosti leži, mada prilično malaksala, stidljivost s kojom je on bio poslednji koji je umeo da iziđe na kraj.

Bolnica nije bila onoliko daleko od stanice koliko sam se pribojavao. Brzo smo stigli. Izišli smo iz kola u neredu. Žan, zatim Flora. Ja sam išao na kraju. Pred ulazom, Flora je zastala. Već si dolazila ovamo, primetio je Žan. Ne sećam se više, zacvilela je Flora. Čitali smo natpise. Žuta zona, pisalo je na jednom. Hitna služba Porodilište, bilo je naznačeno na drugom. Onom najdužem. U stvari, samo se taj i video. Sačekajte me na prijemnom, predložio sam. S bolnicama se nikad ne zna. Flora će sesti, skrenuo sam pažnju Žanu. Ne vredi da bez razloga sledi strelice. Idem da vidim. Vratiću se.

Više sam voleo da uzmem stvar u svoje ruke. Nisam mogao ništa da kažem, ali sam mogao da uradim.

Da se istaknem svojim ponašanjem. Čak sam držao do toga. Bio sam srećan što mogu da budem od koristi. To mi je bilo potrebno.

Što se tiče strelica, sledio sam samo jednu. Ogromnu, kao i natpis. U hodniku u koji sam ušao nije bilo ničega drugog korisnog što bi se moglo pročitati. Prijem, Troškovi boravka, nedvosmisleno su naznačavale uske nalepnice iznad higijafona kojima su bili prorešetani prazni šalteri, ali pored moje lične velike strelice, sve je to delovalo kao sitna uzgredna literatura. Ja nisam video ništa drugo osim moje strelice.

Ona me je dovela do druge. Skromnije po stasu, usmerene uvis. Podigao sam pogled. Preda mnom su stajala neka vrata. Visoka. Zatvorena. I bolje od toga, na njima je stajao natpis čija važnost mi se ovoga puta učinila izvanredna. Zaključano, stajalo je. Uđite s druge strane, molim.

Brzo sam obišao s druge strane. S moje desne strane, još jedna vrata. Otvorena, naravno, ali su vodila do telefonskih govornica. S moje leve strane, još jedna, isto tako otvorena, izlazila su na stepenište koje se spuštalo u podrum. Krenuo sam niz stepenište, ne bez izvesnog opreza. Obloge na podu, izlizane, na nekim mestima su bile pokidane. Zidovi više nisu bili okrečeni. I tu je bilo ponečega za čitanje, bez okvira, nešto što je pogledima izložila, odavno, neka osvetoljubiva i užurbana ruka. An-Mari Lafertig je drolja, mogao bi tu saznati onaj ko bi krenuo da silazi. Umeću da joj se osvetim, bilo je naznačeno malo dalje, niže, tamo gde se stepenište naizgled završavalo u nekom podrumu.

Dole sam skrenuo desno, jer, rekoh sebi, ako treba da obiđem krug, i pošto sam ušao na vrata koja su mi bila sleva, sada treba da skrenem udesno. Ostavio sam za sobom velike kante za đubre pune septičkih otpadaka. Otvorila se neka prilično prostrana odaja, koja je najviše ličila na parking, samo što nije imala obloge od bitumena, gde su bili poređani aparati za nadzor. Hladan ambijent podmuklog truljenja. Ponovo sam skrenuo levo, otkrio nešto što mi se učinilo nalik na svlačionicu u kojoj se neka žena skidala. Upravo je skinula mantil. Nije me videla. Imala je poteškoća sa skidanjem mantila. Zatim je klonula. Savila je noge. Srušila se.

Hej! povikao sam.

Morao sam da se sagnem. Učinilo mi se da više nije pri svesti. Uhvatio sam je za ruku, protresao je, ruka je pala. Podigao sam joj kapak, ista stvar. Zatim sam je celu prodrmao i, mada sam imao slabe izglede da me ona čuje, čvrstim glasom sam je pitao gde je hitna služba. Porodilište, precizirao sam.

Ona uopšte nije hajala za to. Njen izgled odavao je savršenu ravnodušnost, ali mi se učinio i pomalo podsmešljiv. Ipak se nisam potrudio da je ošamarim. Vratio sam se ka stepeništu, popeo se, izišao iz podruma, krenuo drugim stepeništem, prvim koje se ukazalo, još jednom se popeo u pravcu spratova na kojima sam se nadao da ću nekoga naći. Nikoga. Međutim, tu je bilo čisto. Dobro, rekao sam sebi. Zatim sam opazio nekoga. Nekog muškarca. Tražim hitnu službu, rekao sam. Porodilište. Ah, odgovorio mi je on. A zašto?

Nisam želeo nikoga da ubijem. Objasnio sam, smireno, da se radi o mojoj ženi. Kada mi je pokazao put, drugi, na sreću, obavestio sam svog obaveštača da u podrumu leži neka žena. Vaša koleginica, pretpostavljam. Upravo je skidala mantil.

Čekajte, rekao mi je muškarac. Šta to kažete?

Ništa, rekao sam. Neka žena se onesvestila u podrumu.

I ostavio sam ga tamo. Na kraju sam, da, stigao do hitne službe. Porodilište. Vrata su bila zatvorena, na njima je bilo zvonce i natpis. Pozvonite ovde, pisalo je onde. Pozvonio sam. Sačekao sam. Došli su da mi otvore. Šta tražite? pitali su me.

Ponovio sam. Počeo sam da se navikavam da, u toj sredini u kojoj je čovek jedva mogao da nađe put, gde se vrata uopšte nisu otvarala, govorim o svojoj ženi. U stvari, sasvim lepo sam se navikao. Oko mene su se i drugi, kako je izgledalo, takođe navikavali. To je bila jedina stvar oko koje se nisu raspravljali sa mnom. Ali, govorili su mi, kad neko dođe da se porodi, u načelu, ne odlazi u hitnu službu. Odlazi u porodilište.

Nisam se zadržavao da bih postavio pitanje, osobi koja mi je otvorila, čemu onda služi hitna služba. Porodilište. Samo sam pitao gde je porodilište. Pored hitne službe, rekla mi je ona. Porodilište? bio sam uporan. Naravno, rekla mi je ona. Tako sam stigao do hitne službe, porodilište, porodilište je bilo teško naći, odmah je pored, istina, ali to nikakav natpis nije pokazivao. Morao sam da gurnem neka vrata da bih to saznao. Na prijemnom odeljenju onoga za šta sam pretpostvio da je porodilište, nije bilo nikoga. Samo je neki natpis ukazivao na dobru volju one koja je bila odsutna. Dobar dan, pisalo je tamo velikim slovima.

Na kraju sam ugledao neku ženu, neku od onih žena koje ne dolaze u porodilište da ubiju vreme. Na dobrom sam putu, rekao sam sebi.

Trkom sam se vratio do opšteg prijemnog. Flora i njen brat više nisu bili tamo. Malo sam se promuvao naokolo, što sam brže mogao, zatim se vratio u porodilište. Gurnuo sam vrata i brzo se našao u nekom delu zgrade opremljenom stolicama. Flora je bila tu, sedela je sa svojim bratom. Ah, tu ste, rekao mi je njen brat. Na kraju smo se sami snašli.

Dobrodušno sam primio tu kritiku. Mada su se sami snašli, ipak nisu bili sami. Ja sam bio s njima. Više bih voleo da sam s njom, ali nisam imao izbora. Neka žena u mantilu nam je prišla, zatražila od Flore dokumenta, ostavila nas. Strpljivo smo čekali. Objasnio sam Žanu, ali pre svega Flori, kako sam se izgubio dok sam tražio hitnu službu. Nisam pominjao onesvešćenu ženu u podrumu. Nisam hteo da je uznemirim.

Oboje su me pažljivo slušali. Žan me je posmatrao zamišljenog pogleda, ostajući s ove strane prekora. Učinilo mi se kao da traži, duboko u sebi, kako da pokaže malo blagonaklonosti prema meni. Ničega takvog nije bilo kod Flore, kod koje je pažnja bila samo držanje. Ona je imala druge brige.

Tokom četvrt sata koji su usledili, neka babica, koja se tako i predstavila, odvela je Floru na pregled. Ulivala mi je poverenje. U neko normalno vreme, čak bi me i zavela. Ali vreme više nije bilo normalno. Čekao sam da jedna žena napravi dete. Čekao sam da ta se žena, iznad svega, vrati pošto je napravila dete. Ukratko, da se rascepi. Da se stekne jasniji uvid u nju.

Još me nisu bili identifikovali kao oca. Niko se o tome nije brinuo. I Žan je, isto tako, pri trenutnom stanju stvari, mogao da izgleda kao otac u očima institucije. Brzo me je prošla strepnja da on nije Florin brat, nego detetov otac. Žan mi je, odista, rekao da ostaje tu samo zato da bi sačekao Floru u slučaju da je vrate kući. To jest, kod njega. Kako to? rekao sam ja. Objasnio mi je da se ona možda neće poroditi. Da su u toj stvari lažne uzbune česte. Mogao sam to znati. Nisam dovoljno čitao o tome, premalo ljudi sam sretao. Nije bilo nijedne majke u mom okruženju. Nijedne porodice. Izbegavao sam porodice. Lažem. Nisam ih poznavao. Što se tiče moje, one koja je uključivala mog oca, majku i sestru, tu porodicu uopšte nisam ni zasnovao.

Vreme je prolazilo. Žan je ćutao, što je bilo neuobičajeno. Shvatio sam da se iza toga nešto krije. Neka briga. Neka tajna. Poželeo sam da ga prodrmam, poput one žene kojoj je pozlilo, u podrumu, i da ga upitam šta nije u redu. Bila mi je potrebna uteha, smirenje, pažnja. Umesto toga, Žan je progovorio. Konačno vas je nagovorila da dođete, rekao mi je.

Molim? rekao sam ja.

Vrlo dobro sam razumeo. Odnosno, klimao sam glavom, priznavao, zajedno sa svojim očinstvom, i svoju sporost da ga prihvatim. Ili sam poricao, pravio se da nemam nikakve veze sa tim, kao što i nisam imao. Došli ste, konačno, ponovio je Žan, i hvala vam na tome. Nisam odgovorio. Mislio sam na onog drugog, onoga koga Flora na kraju nije ubedila da dođe, i koga je napustila u Parizu. Koji je nju pustio da ponovo ode. Srela me je tačno na vreme, pre nego što je pošao voz u koji je trebalo da se ukrca s nekim drugim. Utoliko bolje, rekao sam sebi. Meni prostor ne treba. Moj veliki stan nije za mene. Treba mi neko mesto, malo mesto na ovoj zemlji, tek toliko da mogu da ispružim ruke. Prema toj ženi.

Babica se vratila ali to nije imalo nikakve veze.

Možete da dođete, rekla mi je. Trudovi su počeli.

Znao sam šta to znači, trudovi. Naprotiv, nisam shvatao iz kojeg razloga se obraćala meni. Mora biti da me je Flora pominjala, da me je opisala, pošto me nisu pitali ko sam. Da su me pitali, tačno bih naveo svoje ime: Gavarin, Lik. Ali nisu. Održavao sam se samo u nekom opisu, onom koji je Flora dala babici. U portretu. To bi bilo dovoljno da se ispišu jedva tri reda, nema sumnje. Ispitivao sam sadržaj. U onome što je Flora kazala o meni možda je bilo sadržano ono što je o meni mislila. Gospodin koji nosi sako, da, po ovoj vrućini, zamišljao sam, srednjeg rasta, smeđih očiju. Nosi i aktovku. Ne, ona to ne bi kazala. Kazala bi tašnu za dokumenta. Manji je od onog drugog. Mislim na svog brata.

U međuvremenu, Flora je poželela da budem pored nje. Ima ljudi koji imaju ambicija u svojoj profesiji, ja ih nisam imao. Imao sam samo jednu ambiciju u životu, malo ljubavi. Flora mi je nudila više: svoju ruku. Svoju ruku, da je držim, dok čeka dete, u onom darmaru previše jakih, zamišljao sam, protivrečnih osećaja koji su počeli da je obuzimaju. Da je raspinju, mislio sam. Dolazim, rekao sam.

Babici se to učinilo prirodno. Ne samo što sam bio deo porodice, nego sam sada imao i svoje mesto u bolnici. Mesto oca. Osim ako babica nije bila lakoverna. U najgorem slučaju, recimo da su mi poverili ulogu muškarca. To je već bilo ogromno. Povratio sam dah. Bio sam ga izgubio, kao ono na bazenu.

Koliko je to bilo davno.

Uveli su me u neku malu salu. Na krevetu s točkićima ležala je Flora, prikačena na aparat za praćenje životnih funkcija. Pukao je vodenjak, kazala mi je kada me je ugledala, ne smem da ustajem. Nikako, rekao sam ja. Ostavljam vas, rekla je babica.

Prišao sam Flori. Tražio sam nekakav gest. Na kraju sam je pitao kako ide. Dobro, rekla mi je. Želite li da ostanem, rekao sam ja. Da, rekla je ona. Imala je svetle oči, svetloplave, čini mi se. Nikad ne pamtim boju očiju, sećam se samo pogleda. Ali ona me nije gledala. Nije gledala ništa. Dodirnuo sam joj ruku. Hvala, kazala je. Ah, pomislio sam. Ne želim da mi zahvaljujete, rekao sam. Ne činim vam nikakvu uslugu. Pomažem vam. Molim? kazala je ona. Ovde odzvanja. Volim vas, rekao sam ja.

Uhvatila me je za ruku. Ne bi li joj bilo lakše, stao sam tik uz nju. Ne govorite takve stvari, rekla je. Želim da ih govorim, rekao sam ja. To i mislite? rekla je ona. Da, rekao sam ja. Stegla mi je ruku. Nije moguće da me već volite, rekla je, jedva da ste me i videli. Na bazenu uopšte i nisam, tamo sam imao naočare, van bazena, donekle, u kafeu, u vozu iz prevelike daljine, pa onda iz profila, a u automobilu uopšte ne. Ali vas vidim, rekao sam. Vidim vas sada. Sada vas volim, slagao sam. Sada vas vidim.

Kakva sam? rekla mi je ona.

Niste lepi, rekao sam ja. To nije prava reč. Nalik ste mom srcu. Onakva kakvu sam vas video pre nego što sam vas upoznao. Bledi ste.
To je od umora.
Ne, rekao sam ja. Uvek ste bledi. Volim vaše bledilo. A imate i oči.
Da? pitala me je Flora.
Izgledala je zainteresovano, i umorno. Zainteresovano i umorno.
Volim vaše oči, rekao sam.
A moje razgovore? rekla je ona.
Izvanredni su, rekao sam ja. Volim da vas slušam kad pričate.
Govorite o mom glasu.
Da, rekao sam, govorim o vašem glasu.
A ja govorim o svojim razgovorima.
Razgovori me ne zanimaju mnogo, objasnio sam. Više me zanimaju glasovi. Ali volim i vaše razgovore. Ne govorite mnogo.
Ni vi.
Ne, rekao sam.
Ali moramo da razgovaramo, rekla mi je ona. Morate nešto da mi govorite. Bojim se.
Stegla me je za ruku.
Nije to zato što se ne vidi, rekla je. Zaista se bojim.
Izgledala je iscrpljeno.
Nema razloga da se bojite, rekao sam ja.
Ima, rekla je ona. Naprotiv.
Ja sam tu, rekao sam ja.
Recite to još jednom, rekla je ona.
Ja sam tu, rekao sam.
Mislim da ću malo da odspavam, rekla je ona.
Zatvorila je oči. Tako je, promrmljao sam ja. Odmori se, mala moja Floro. I milovao sam je po sle-

poočnici. Ne, rekla je ona. Nije otvarala oči. Nemojte me tako zvati. Nemojte me milovati po slepoočnici. Držite me za ruku.

Dobro, rekao sam ja. U redu.

Zatvorila je oči.

Zovite me onako kao maločas, rekla mi je.

I zvao sam je. Loše.

Maločas je bilo bolje, rekla mi je.

Znam, rekao sam ja. Izgubio sam koncentraciju.

Sranje, rekla je ona. Ne spava mi se. Aaah, dodala je.

Uhvatila se za trbuh. Prošlo je. Onda je pogledala na sat. Deset minuta, rekla je.

Ušla je babica.

Možete li da nas ostavite? pitala me je. Pet minuta.

Ostavio sam ih, da, njih dve, s njihovim problemima oko minuta. U hodniku sam potražio neku stolicu. Bio mi je potreban odmor. Imao sam taman toliko vremena da sednem, kada je babica došla po mene.

Preći ćemo u salu za porođaje, rekla mi je. Možete da dođete.

Mogao sam da dođem, da. Došao sam. Ponovo sam ušao u malu salu. Flora više nije bila tu. Pođite za mnom, rekla je babica.

Ovo mesto je bilo prostranije. Flora je sedela na samoj ivici kreveta, sasvim nepomično, neki muškarac se bio nadneo nad njena leđa. Dajemo epiduralnu, rekla mi je babica. To vidim, rekao sam. Zatim se onaj muškarac odmakao od Florinih leđa. Ostavljam vas, rekao je. Izišli su, i ona i on, i nas dvoje smo se ponovo našli sami. Flora je bila okrenuta zidu, video sam samo njena naga leđa, njena ramena, koja su s prednje strane nosila belu bolničku spavaćicu, njene gaćice. Sedite negde, rekla mi je.

Ugledao sam neku stolicu, jedinu koja je stajala u sali.

Još moramo da čekamo, rekla mi je.

Hoćete li da vam nešto pričam?

Da, rekla je.

Sećate li se šta sam vam rekao, maločas?

Da, rekla mi je, ali radije ne bih odgovorila.

Dobro, rekao sam. Onda ću vam ispričati priču. Priču koja nije smešna.

Ah, ne, rekla je, molim vas!

Dobro, rekao sam.

Kakva je, ta vaša priča?

Okrenula je glavu.

To je priča o čoveku koji je nosio aktovku, počeo sam. I znate šta? U njoj nije bilo ničega, u toj aktovki.

To nije priča, rekla je Flora. Osim toga, imam utisak da je već znam.

Možda i nije priča, rekao sam, ali je to moja aktovka. Želite li da čujete nastavak?

Da, rekla je ona.

U stvari, rekao sam ja, u pravu ste, to nije priča. To je feljton. A ja ne znam nastavak.

Šalite se sa mnom.

Ne, rekao sam. Potrebni ste mi. Pa je onda tu i dete koje će doći. Voleo bih da ga rodite. Voleo bih da budete srećni.

I ja, rekla je Flora. I ja bih volela da budem srećna.

Potom više nismo bili sami. Primetio sam da smo, uprkos svemu, ipak bili sami. Da smo mogli biti sami. Opet bismo mogli biti sami, govorio sam sebi, ako se tako desi.

Uskoro nas je bilo petoro. S moje leve strane, Flora. Florina glava. Na uzglavlju kreveta. Na suprotnoj strani, kod nogu, anesteziolog, babica, lekar akušer. Neki novi. Opasnog izgleda. Preciznog oka, sigurnog pokreta, lak na rečima. Pomalo čudan. U suštini, umirujući. Savršen. I Flora, Florina druga strana. Kod nogu, dakle. Razmaknutih butina. Pokrivenih spavaćicom, na sreću, s moje tačke gledišta. Domen za stručnjake, u stvari. I Flora je, nesumnjivo, stvarala neku svoju predstavu, isto tako, ali tek uzgred, nesvesno. Nije videla ništa. Samo je osećala. Dete u sebi, naravno, i sebe, takođe, oko deteta, i opet sebe, tamo, daleko, ka dnu kreveta, u pravcu pogleda onih drugih. Izložena strana, javna. Ona koju obično krijemo. Ali stvari su se promenile. Granice. Telo. Briga za telo. Misao.

Eto šta je u grubim crtama govorio njen pogled. Ona je, međutim, ćutala. Disala. Tako je, rekla je babica. Tako je vrlo dobro. Smirite se. Otvorili ste se samo sedam centimetara. Na kraju krajeva, rekao sam sebi, porođaj je samo stvar minuta. I stvar centimetara. Ali ne i centimetara na minut, to ne. Ali da je problem brzine, jeste.

Ne gurajte, rekla je babica. Ne sada. Još nemojte. Treba još da se otvorite. Još je nešto precizirala. Ne znam šta. Nije se čula od nekog šuma. Od krika. Neke žene koja je urlala tu pored. Dugo. Odmakao sam se od Flore. Nisam hteo da vidim njenu reakciju. Zatim sam se vratio kraj uzglavlja. To je bilo moje mesto.

Nije mi zlo, rekla mi je Flora u pola glasa, ne brinite se. Čak se i ne plašim da će mi biti zlo. Ne osećam gotovo ništa.

Bilo mi je više nego nezgodno. Flora mi se nikad nije obratila na vi pred osobljem.

Ali osoblje nije obraćalo pažnju. Na ekranu aparata za praćenje vitalnih aktivnosti, motrilo je krivulje. Po Florinom trbuhu, spuštalo ruke. Između njenih butina, takođe, imalo je posla. Izgledalo je potpuno zauzeto. Nisam mu na tome zamerao. Bio sam zadovoljan što u samom središtu postupka ostajem neprimećen. Čak, uostalom, prilično brzo, po mom mišljenju. Nisam više obraćao na sebe pažnju. Pratio sam ono što sam imao da pratim: pre svega Florin pogled. Menjao se. Nije menjao pravac, pošto je stalno bio uperen u tavanicu, čak sam se pribojavao da ne ostane zaslepljen. Ne. Menjao mu se sjaj. Video sam kako tamni. Zatim se gasi. Flora je prebledela, stisla zube. Čekajte, rekla je babica. Stala je pored Flore, pipkala joj trbuh, kao da je testo. Sad, rekla je. Da. Možete da počnete. Gurajte.

Florin vrat je nabrekao. U dnu se raširio, izgubio na debljini, s one dve žile, tamo, po jedna sa svake strane, u obliku trapeza, preko kojih se koža zategla poput šatora. Vilice su joj se stegle do pucanja. Lice joj je dobilo boju krvi. Dobro, rekao sam sebi. Ovo već uzima neki pravac.

Flora je bila negde drugde, očigledno. U tom guranju, da. Ali to guranje postojalo je i pre babičinih reči, bilo je to samo njeno guranje, u stvari, i ničije drugo, ono je dolazilo pre svega, pre reči, protokola, taktike. Bio sam, moram to reći, srećan zbog toga. U životu sam retko kada imao želju da učestvujem. Čekao sam na taj trenutak. Flora mi je pružila priliku. Postoji neka reč, neko ime, koje obično uopšte ne volim da koristim, ali ovde će mi pomoći: podrška. To je ono što sam ja bio. Otkrivao sam ohrabrivanje. Privrženost nekom cilju. Samo mi je nedostajao slogan. Nisam znao šta da kažem. Samo napred, to mi se učinilo prejako. Utoliko pre što bi u takvoj zapovesti, nevidljivo, ali osetno, bio nagovešten stid, posle njenog obraćanja na vi, bilo bi to jedno ti za koje nisam osećao da imam snage. Kako bilo. Flori je zaista bila potrebna neka snažna rečenica. Kao i meni. Da, rekao sam na kraju. Dobro je. Nastavi.

Nisam znao da li je zaista želela da ja dođem tamo. Ali došao sam, došao sam da budem s njom. Nije se žalila, čini mi se. Uhvatila se za moju ruku. Osećao sam da je slaba, zaista. Pošto nisam video ništa osim nje, to kažem uzgred, slabost mi se učinila opšta. Žene su slabe, uopštavao sam, dakle, zamišljeno, sve podstičući ovu ženu ovde da ima snage. Lude su za time da prave tu decu o kojoj sanjaju. Nisu one stvorene za to. Previše je blesavo. Muškarci bi, međutim, mogli. Ali ne mogu. Tako je to: nepoželjno, loše zamišljeno.

Jer, razmišljao sam, neka mi više ne govore o epiduralnoj injekciji. Znam ja šta je to, hvala. Vidim. Floru ne boli, istina. Ne viče, nema sumnje. Ali dahće. I da se muči, muči se. Sva je skrhana umorom. Kako mi je žao. Čak više i ne gura. Ona, koja je toliko želela da gura. To je bio njen cilj. Koliko je gurala? Dva puta. Jad i beda. A trebalo bi još da gura. I još. Hajde, kaže babica. Treba još da se gura. Ne mogu, kaže Flora. Ama, možete, kaže babica. Hajdete, kažem ja. Hajdemo, kaže babica.

Flora je gurala. Više nismo merili svoje napore. Osoblje i ja bismo je ubili. Nalazili smo reči. Druge reči. Ponekad bi se izmešale. I Flora je pronašla onu snagu za koju sam pomislio da je nema. Ne znam samo gde. Bila je to nestvarna snaga, neverovatna. Ipak, verovao sam u nju. Kao u čudo. I bilo je čudo. Flora je gurala, više nisam video njeno lice, to je za mene bila patnja, njeno lice, gubljenje njene lepote, ali ona ionako nije bila lepa, to sam već rekao, ne, njeno je lice, dakle, gubilo svaku lepotu, svaki trag koji bi mogao podsetiti na lepotu kao takvu kakva postoji, u duhu muškaraca, kada zamišljaju žene, barem sam ja tako mislio, pošto ja muškarce ne poznajem, u stvari, čuo sam od drugih, ovde-onde, ukratko, to lice, koje je bilo suprotnost lepoti, bilo je patnja. Ne umor, ne iscrpljenost, ne. Ili možda iscrpljenost stvara patnju, pa ona odjednom grči njeno telo, cedi ga kao da cedi već suvo rublje, kao da, ispražnjeno od svoje snage, telo ima još nešto da izgubi, samu svoju slabost, i da od potpune nemoći postaje nešto, nešto što bol još može da obuzme i podvrgne sebi.

Ponovila se ista scena. Ista naizmeničnost. Flora, iscrpljena, pronalazi snagu. Više nismo mogli. Zaboravio sam koliko je vremena tako prošlo, koliko puta je Flora morala da se povrati dok se preko babičinih usana, suvih poput naših, nije prevalila ova rečenica: vidi se glava.

Pogledao sam Florinu glavu. Nije ličila ni na šta, ni na koga. Na neku pojavu, možda. Iz oblasti fizike, u svakom slučaju. Flora je morala imati glavu te pojave, makar mi to i ne mogli da zamislimo. Neka vrsta foto-robota otelovljenog u neki oblik. Neka žena, nije važno koja, koja bi se izložila takvom iskustvu. Širenje. Krivljenje. Prezasićenje. Eto to ste vi, sada. Hajdete, pokažite nam to.

Ne opuštajte se, skandirala je babica, hajdete. Ponavljala se, naravno. Kao i svi mi. Neka vrsta rutine, ali rutine ponete oduševljenjem. Isti pokreti, iste reči, u izbezumljenju. Babica, uostalom, nije izgledala zabrinuto. Ja jesam. Pitao sam se šta li se radi kada dete neće da prođe. Kad ostane. Ma ne, prisetio sam se kasnije. Forcepsi. Postoje. Ali to mi nije palo na pamet. Zamišljao sam dete, glava mu izvirila, a grlić ga davi – u svojoj glavi sam imao shemu, ne može biti naivniju, ali upečatljivu – taj grlić što se, zar ne, mada širom otvoren, ipak obavija oko onog vratića, govorio sam sebi. Prirodno. Tako je lepše. Tragičnije lepo. I zamišljao sam ženu, pre svega, Floru, prepunu, zapečaćenu u svom telu. Telom svoga tela, razume se. Dok si ti tu. To je užasnije. Ma nije, govorio sam sebi. Ne zamišljaj. Ne pokazuj da zamišljaš nešto. Pomozi joj.

Ali nisam više mogao. Ponestalo mi je znoja, kao i drugima. Vere. Uhvatio sam Floru za ramena, ipak. Da je pridržim. Ne. Da joj prepričim put. Tako, rekao sam sebi, više neće moći da uzmakne. S jedne strane joj je prepričen put iza leđa, s druge strane, noge su joj u uzengijama, više nema izbora. Uostalom, nemam ni ja. Kroz nju to prolazi. Kroz nju mora da prođe. Treba tako. Da, kaže babica. Tako je. Hajdete, hajdete, hajdete. Idemo sad.

Kako to, sad? kažem sebi. Šta to znači? Šta ona misli, šta radimo sve ovo vreme? Tri sata, tako nešto.

Sad, ne, ne, neću joj progledati kroz prste za tu reč. Nikad. Ne sad. Sve što hoćete, ali ne sad. Da idemo, da, to hoću. Hajdemo, u redu, ali. Dobro je, kaže babica. Da? kažem ja. Nije gledala mene. Gledala je Floru. Devojčica je, kaže.

Nisam čak ni video kako se Flora opustila. Nisam video dete. Flora se osmehivala. Bila je opuštena, konačno, neodređeno, već dobrih petnaest sekundi. I osmehivala se, sad. Onim osmehom. Ne onim koji sam poznavao. Zatim sam video dete. U rukama one žene. Koja ga je spustila na Floru. Koliko li je muškaraca koji su ovo videli, rekao sam sebi. I sada, ja. Koji to gledam. Nju. To dete. Koje nisam ja napravio. Uopšte nisam. Ta devojčica. Devojčica. Njena. Ne njen. Iznenađenje.

Tražio sam neku reč za Floru. Pošto je nisam nalazio, sačekao sam neki pogled. Onakav pogled. Pogled žene za muškarca koji. Ali ne. Ništa. Naravno. Flora je gledala dete. Slabo ga je videla, u stvari. Pronalazila je snage, ponovo, da podigne glavu. Napipala ruku. A ja sam video. Jasno. U stvari, ne baš mnogo. Moj san o detetu. Živom. Detetu, a ne snu. San je, međutim, umirao. Neću imati dete. Prekasno je. Ali ipak znamo šta je to dete, na ovom stupnju. Čak, šta je to devojčica. Vika. Pokreti. Lice. Bože moj, rekao sam sebi.

Ako biste bili ljubazni da dođete, rekla je babica.

Hoću, rekao sam ja.

Može čovek u to više da ne veruje. I da bude spreman. Ja sam bio. Bio sam tu, s detetom, koje su kupali sunđerom. Flora mi je dopustila da dođem tu, čak je to tražila od mene. Nije imala koga. Ali imala je. Sledstveno tome, ja sam ovde. Ostajem tu. Napredujem. Ne povlačim se. Dali su mi makaze. Meni. Velike. Nisu me terali. Predlagali su mi. Pogledao sam Floru. Ona me je ohrabrivala. Pa dobro, pomislio sam. Stvarno. Dobro, rekao sam. Da, nastavljao sam. Primakao sam makaze. Uh, rekao sam. Pogledao sam babicu. Pa onda pupčanu vrpcu, među makazama. Tu, rekla mi je. Pokazala mi je sredinu. Hoćete da kažete, tu? rekao sam ja. Da, rekla mi je ona. Da to nije malo daleko? rekao sam ja. Daleko od čega? rekla mi je ona. Hoću da kažem, malo blizu, rekao sam. Deteta. Ne, rekla mi je ona, to je sredina. Gledajte. Da, vidim, rekao sam ja. Pa dobro, rekla mi je ona, hajdete. Da, rekao sam ja. I stisnuo sam makaze. Ništa.

Ne znam da li ću uspeti, rekao sam. Teško je. Da, rekla je babica, to je prirodno. Hajdete slobodno. Jednim potezom? rekao sam ja. Jednim potezom, rekla je ona. Da, rekao sam ja. Evo vam, dodao sam, uradite to vi, biće jednostavnije. Ma ne, rekla mi je ona, možete vi to, verujem da i želite da to uradite. Zaista, rekao sam ja. Zaista. Pokušaću ponovo. Pokušao sam ponovo. Pa onda, rekla mi je babica. Vidite. Uspeli ste. Čestitam vam, rekla je. Hvala, rekao sam ja. Uzela je ostatak pupčane vrpce, vezala ga. Osećam se čudno, rekao sam. Pružao sam joj makaze, već desetak sekundi. Uzela ih je. Hajde da sednete, sad, rekla mi je. Za sada više nemamo potrebu za vama.

Ni ja. Ni ja više nemam potrebu za sobom. Samo za stolicom. I za drugima. Babica je obavljala, na detetu, operaciju pranja uz pomoć kuglica od vate. Nos, vrat, uši. Flora me je gledala, sada. Izgledala je kao da govori nešto važno što bih ja morao shvatiti. Nisam shvatao. Nežnost joj je pomutila pogled. Bilo je neprijatno. Ljubav se slabo vidi, tamo iza. Ona za koju čovek pretpostavlja da postoji. Za koju bi mogao pretpostaviti da postoji.

Iz Florinog trbuha babica je izvukla dete. Ona je urlala. Ne babica, ne. Ona je bila savršeno mirna. Dođite, rekla mi je, držeći dete. To nije bio predlog, ovoga puta. Ustao sam, pošao za njima dvema do kade. Veličina kade. Vidite, rekla mi je babica, kao da ga krštavam vodom. Zaista, kao da ga je krštavala vodom. Svojim dlanom. Pridržavala mu glavu. Hoćete li da je držite? rekla mi je. Kad je već tako, rekao sam ja. Ovako, rekla je ona. Pokazivala mi. Video sam, rekao sam ja. I držao je za glavu. Lako je, u stvari. Dovoljno je da čovek drži. Da ne podiže, nikako. Nije to neki teret. Tek oblik, tu, na ruci. Nije tvrda, ne. Čvrsta. Oseća se kost, pozadi. Neka ne previše tvrda kost. Ali ni previše meka. Lobanja je tu, ipak. Držite glavu. Inače će pasti. Kao na ivici grebena. Vladate svime, uključujući i njen strah. Čim prestanete da mislite, polazi vam za rukom. I polazilo mi je za rukom. Prestao sam da mislim.

Zatim su mi je uzeli. To mi je bilo smešno. Odneli je u peleni. Izmeriće je, rekla mi je babica. Vi možete da ostanete ovde. Mogu li i ja da pođem? Ako hoćete. Ne, rekao sam.

· Na kraju sam ipak radije ostao. Da se pobrinem za Floru. Još je bilo malo ljudi u sali za porođaje. I posla. Flora se grčila. Hajdete, rekao je lekar akušer. Ništa nije bio rekao, za sve ono vreme. Poslednji put. Gurajte.

Ovo je prošlo bolje. Brže. Četvrt sata. Zatim je lekar povukao pupčanu vrpcu. Tako sam pretpostavio. Bilo je gotovo. Napor, sav napor. Još je bilo malo rano da se govori o odmoru, ali Flora se opustila. Istinski. Morao sam da joj priđem, pošto je bila sama. Osoblje je otišlo. Pitala se zašto. Ja sam se raspitao.

Treba da te zašiju, rekao sam. Napravili su ti rez. Čekaju nekoga.

Dugo su ga čekali. Predugo. S nogama u uzengijama, Flora je dobila grčeve. Razgovarali smo o nečemu drugom. Onda sam kupio sebi drugu, rekao sam ja. Prethodnu sam izgubio. Eto, da ti pokažem ko sam ja. Naročit. Ali ne baš toliko. Voleo bih da živimo zajedno.

I to je početak, rekla je ona.

Uočio sam poteškoću u toj rečenici. Ono „I". Nisam je pitao da li se odnosi na ono što sam ja upravo bio rekao, ili na ono što smo upravo uradili. Nešto smo uradili, činilo mi se. Ipak. Neki mladi tip je ušao. Stao je između Florinih butina bez ikakvog uvoda, da zašije. Konac, igla. Gunđao je. Nije mu polazilo za rukom. Ja nisam mogao da poverujem. Sranje! rekao je na kraju. Neki stažista, pretpostavio sam. Neverovatno, rekao sam sebi. Došlo mi je da ga prodrmam. Ali plašio sam se za Floru. Babica je ušla, dala mu neki savet. Gde sam ja? rekao sam sebi. Gde smo mi? Smiri se, rekao sam sebi. Ništa ti tu ne možeš. Ipak, navikao si da ne možeš ništa. Dakle, nastavi. Smiri se.

Kad zašivaju, očigledno, ne oseća se ništa. Ali Flora je bila na ivici. Zaista na ivici snaga. Zato što je bilo gotovo, naravno. Zaista gotovo. Više nije imalo šta da se učini. Tek sledećeg dana, kao da je do tada bila na raspustu, počelo je da je boli.

Vratio sam se detetu. Tražili su to od mene. Tri kile i četristo trideset, rekla mi je babica. Četrdeset i osam centimetara. Te brojke mi ništa nisu govorile. Znao sam samo za veličine, one koje idu tri po tri, kod žene. Pa ni to nisam znao napamet. Gledao sam Mod. Florans, koja se zvala Flora, dala joj je ime Mod. Kakva je to moć, dati nekome ime. Ona ju je preuzela, mirno. Ja sam bio sklonjen u stranu.

Babica mi je kazala. Pravio sam se da znam. Mod, rekao sam. Ali nisam se obraćao detetu. Nisam se usuđivao. Teško mi je da ljude zovem po imenu. A tek nju. Mod. Izgovarao sam njeno ime, samo za sebe. Mrmljao sam, u stvari.

Zatim sam je video obučenu. Babica ju je obukla. Flora je ponela stvari. Odelce, klasičnog kroja, za oblačenje žgebadi. Sa vezenim ukrasima. Možda donekle veliko. Mod je plivala u njemu. Kao žabica. Podvrnuli su sve što je bilo dugačko.

Pružio sam joj kažiprst. Uzela ga je. To nam je poznato. Ručica se sklopi. Zglobovi na prstima. Još nemaju jasne obrise. Obli. Malecki prsti. Snaga, kada te stegne. Čuđenje zbog toga. Uzbuđenje. Obraćam se očevima. Oni mogu da me zamisle. Bio sam poput njih. Još gori. Zato što ga nisam napravio, to dete. I zato što je tu pored mene, ipak. Kao da. Gotovo tačno kao da. Od toga što sam ga dodirnuo. To nije ono što su oni osetili. Uopšte ne, u stvari. Zabavni su mi, ti očevi. Način na koji oni veruju u to. Njihovo čuđenje. Zatim vrlo brzo. Moja ćerka. Dok, međutim, ja. Dobro sam znao.

Babica nije. Ona nije znala. Gledala je na mene kao da sam. U svakom slučaju. Ali šta ima veze. Posmatrala me je. Ali ja sam bio opušten. Savršeno. Mnogo opušteniji nego da sam. To dete, prosta stvar. Uzeo sam je. Priznajući da Flora to nije učinila. Ili je, tačnije, učinila, ali potom više ne. Dešava se. Uzeo sam je. Usvojio. Bez ikakve teškoće. Uzmite je, rekla mi je babica.

Pružala mi je cuclu. Malecku cuclu, kao za hrčka. Dajte joj, rekla mi je. Ta joj je prva.

O.K., O.K., mislio sam. Nema problema. I stvarno. Uzeo sam cuclu. Moja opuštenost, onda. Čekajte, rekla mi je babica. Pogrešno je držite. Kako? rekao sam ja. Bebu, rekla mi je ona. Ah, rekao sam ja. Ne, rekla mi je ona, izvinite. Molim? rekao sam ja. Ne, rekla mi je ona, dobro je držite, u stvari. Ja sam u pitanju. Moja napetost. Vrlo dobro je držite. Uvek sam napeta, uz te porođaje. Nikako da se naviknem.

I sve ste takve, u vašem zanatu? pitao sam ja. Ne, rekla mi je ona. Samo ja. Vidite, ja vas razumem, rekao sam ja. Biće da sam i ja takav. Dodao sam. Dok držim Mod. Naravno. Pokreti onoga ko dolazi na svet, i moji. Dok je držim. Njen oblik, u udubljenju koje pravi moja ruka. A u drugoj ruci, cucla. Držanje cucle. Nežno. Njena pristupačnost. Proždrljiva je s njom. Bio sam zapanjen. Ja lično, grickam.

Dobro, sad je dosta, rekla mi je babica. Moram da vam je ponovo uzmem. Mora da ide na test. Shvatam, rekao sam ja. Ako mora na test. Poželeo sam da se pokažem kao pošten. Bila je u redu, ta babica. Taj pogled. Ta usta. Reči koje je stavljala u njih. Trud koji je ulagala. Mama će biti prebačena u sobu, rekla mi je. Ako hoćete, idite kod nje.

Hteo sam, rado. Za sada sam mogao i bez Mod. Tako ću da ubijem sat vremena. Sa Florom. Nikako nisam zaboravljao na nju, Floru. Ona je, međutim, bila ta koja. I koju ja. Spoj. Voleo sam je još više. Bila mi je potrebna. Ona kao majka. Nova žena, da. Dobro mi je došlo. Sad više nisam želeo drugu majku. A što se tiče Mod, bilo mi je draže da i ona zadrži svoju. Sve se savršeno uklapalo.

Ne znam da li je Flora imala nedoumica oko toga. Da je ja još više volim. Da sam je manje voleo juče, dakle. Da sam čak bio zaboravio na nju, tu ženu od juče. Bazen, sve to. Sve do voza. Čak i trudnu, voleo sam je manje. To me je prošlo. Da sam je sreo sada, dok čeka dete, više nisam ubeđen da bih se ukrcao u taj voz. Bio sam zadovoljan, nekako opušteno, što ne moram to da joj kažem. Mogla bi pogrešno da shvati. Iako jedva da je se i sećala.

Ali ne. Kad sam se vratio u sobu, odmah sam shvatio da se pomirila sa sobom. Da je povukla crtu preko prethodnog dana. Da će sada oslabiti bez teškoća. Organizovati se na novim osnovama. To mi se više dopada, rekao sam, kada me je videla. Izgleda da ide dobro. Da, rekla je ona. Ide. Ali plašim se da me ne boli. Ma neće, rekao sam ja. Hoće, rekla je ona. I da neće proći. Ne brzo. Osećam se slabo.

Prigušila je plač.

Ma hajde, rekao sam ja. Plači, onda. Ako ti tako prija.

Prestani, rekla mi je ona. Ne govori mi šta treba da radim. Dosta mi je toga da mi govore šta treba da radim.

Nikada je nisam takvu video. Besnu. Na mene, pritom. Nisam znao šta bih još mogao poželeti. A osim toga, obratio sam pažnju na njene reči. Prestani. Ne govori mi. Na to šta one sadrže. Stvar dobija neki oblik, rekao sam sebi.

Poveli su nas u pravcu sobe, liftom. A beba? rekla mi je ona. Hoću da je vidim.

Pogledao sam bolničarku. Ona se brinula o krevetu, gurala ga, pritiskala dugmiće, zaglavljivala vrata. Nikada daleko od nas. Ali Flora se obraćala meni.

Video sam je, rekao sam. Videćeš je i ti. Slatka je. Živahna. Ima tvoje oči.

Moje oči?

Da, rekao sam. Otvorene.

Hoću da je vidim.

Jeste li čuli? rekao sam ja.

Obraćao sam se bolničarki.

Ne brinite se, rekla je ona. Videće je.

Kada? rekla je Flora.

Evo, odmah. Kad vas odvedemo u sobu. Vodimo vas tamo.

To je izgledalo razumljivo. Ništa više nismo pitali. Soba je bila u redu. Zasebna. Malo bučna, gledala je na bulevar. Kako je prošlo? pitala me je Flora.

Šta je prošlo? rekao sam ja.

Porođaj.

Ah, rekao sam.

Bio si prisutan, rekla je Flora, lepo si video. Ja nisam. Ništa.

Da, rekao sam, razumem. Dobro. Dobro je prošlo. Osim reza.

Vidiš. Tako sam i mislila.

Ne, rekao sam ja. Nisam to hteo da kažem. Ušivanje, da. Onaj tip.

Šta?

Nije bio u redu. Nije valjalo.

A ušivanje?

Ne znam.
Znači to nije valjalo, ha? Ušivanje nije valjalo?
Nemam pojma.
Znala sam da će me boleti.
Ma neće, rekao sam ja. Uostalom, možda. Možda bi bilo bolje da se navikneš na pomisao da će te boleti. Za svaki slučaj.

Vrtelo mi se u glavi. Od obraćanja na ti sam se osećao kao opijen. Zato što nisam bio navikao, nema sumnje. Pa onda odjednom ona visina. Vrhunci, u razgovoru. Ali Flora me nije slušala. Više su je zanimali njeni strahovi. Pitam se čak da li je uopšte bila svesna, bar malo, moje osobe. One koju sam nosio na sebi. One druge, da. Ukratko, učinilo mi se da je to ipak bio lep razgovor. Onaj način na koji je uopšte nije bilo briga. Kako me je pustila da joj se približim. Kao da sam joj već bio blizak, i kao da moje reči ništa nisu promenile. Možda zato što sam i bio blizak. Previše. I zato što to nije bilo važno, moje reči. Od trenutka kada sam se našao tu.

Put koji me je naterala da prevalim, ta Flora. Sasvim sam, možda. Polet, recimo, koji me je terala da osetim. Koji mi je davala, u najboljem slučaju. Samo ćuteći, sada.

Pojavilo se dete. U babičinim rukama. Zatim u Florinim. Zatim neka buka, dole, na bulevaru. Njih dve su napunile sobu. Tada sam mogao da se nagnem. Nad jednu i nad drugu. Da malo sačekam, naravno. Zatim da se pridružim. Fotografija. Muškarac, uglavnom, obgrli ženu oko ramena. Žena, pogledom i rukama, obgrli dete. Osmesi. Budalaštine. Imao sam pametnija posla. Da čekam. Da čekam onoliko vremena koliko bude potrebno da se Flora umori. Da je uzmem. Očigledno, to bi moglo da potraje. Ali ona ju je držala pogrešno. Mod se dernjala. Šta joj je? rekla je Flora.

Ne znam, rekao sam ja. Bebe plaču.

Uvek postoji neki razlog.

Ne kažem ni ja ništa drugo.

Bolničarka nas je ostavila. Pozvonili smo. Pojavila se neka negovateljica. U biblioteci, čovek prepoznaje bibliotekarke. Ovo je bilo porodilište.

Plače, rekla je Flora.

Mnogo plače, objasnio sam ja.

Ne prestaje, dodala je Flora.

Nismo se dobro čuli. Povisili smo glasove. Povikali smo, čak. Mod je urlala. Kod nje još nije postojalo ničega artikulisanog. Ali je već postojala njena volja. Prisustvo.

Možda je gladna, rekla je negovateljica.

Pogledali smo se, Flora i ja. Lupili se po čelu. Zatim počeli da se smejemo.

Ne bi mi to palo na pamet, rekla je ona.

Nisam hteo da preterujem. Kao dokaz idiotizma, to mi je izgledalo dovoljno. Dakle, oćutao sam. Utoliko pre što se, ovoga puta, posle deteta, zatim negovateljice, pojavila i Florina dojka, koju je držala u rezervi. Izabrala je levu. Uvek sam se pitao zašto. Nju to nikada nisam pitao. Ni danas ne znam. To kažem zato što bih voleo da malo govorim i o toj dojci. Ma da. To bi mi pričinilo zadovoljstvo. Ali treba da zamislite levu. To bi moglo biti od pomoći.

Dobro. Kako da kažem. Dojke smo već videli. Ovo govorim pre svega muškarcima. Ali ne isključujem ni žene. Očigledno. Dojke, dakle. Videli smo ih. Ponekad čak samo jedno dojku, uostalom. Ali se i ona druga, uglavnom, ubrzo pojavi. I ona se ukaže. U ovom trenutku, ili u sledećem. To je pitanje ritma, ambijenta. Tamo, ne. I to se zna. Zna se da, u toj situaciji, ili bar pri takvom sledu stvari, jer biće i drugih, i to se zna, sledova, naime, zna se da bi i jedna jedina bila dovoljna. Sasvim dovoljna. Imamo, dakle, tu dojku. Tačka. Ta leva dojka. Koju, u ovom slučaju, treba to da primetimo, nikad nismo videli. U celini, zar ne. To je čudnije. Ono što je čudno, da se razumemo, to je što se ne radi o nekom parku, javnom parku. O majci koja sedi na klupi. Dok ljudi prolaze. Ili čitaju novine. Na istoj klupi. Podignu obrvu. Ne. Ne čitaju novine. Sreli su tu ženu na bazenu, što je bila posledica telefonskog poziva. Telefonskog poziva druge žene. Koji je usledio posle ćutanja. Opet, one druge žene, da. I, na kraju, čovek se nađe tu. Prisan s ovom ženom ovde. Žestoko. Prisustvovao je njenom porođaju, čak joj je i pomagao, tokom porođaja, govorio joj ti, čak, i sada, ukratko, za dvadeset i četiri časa napredovao je divovskim koracima primičući se toj ženi, ali ju je i pored svega slabo poznavao. Njen pol, ako ćemo pravo. Pa opet. U najboljem slučaju, tri četvrtine. Pod uslovima koji, povrh svega, ne mogu da se opišu kao dobri. Nikako. Ali ne i njena dojka, ne. Nikako ta dojka koja se tu ukazala. A da li se radi o levoj ili o desnoj. U krajnjoj liniji, malo je važno. Velika je to dojka. Ne. Postala je. Mala, možda, na početku, ali to ništa ne znači. Čak i bradavica, kada je opisujemo, njenu boju, njen oblik, naglašeni, i jedno i drugo, time se tek ovlašno dotičemo pitanja, ne bavimo se njime. Bez bradavice, stvar nije ozbiljna. Iz geometrije znamo za cilindar. To je jedna figura. Zamislimo ga, taj cilindar, ako nemamo ništa bolje, kao da je od filca. Isecimo. Cilindar, odista, onakav kako ga predstavljamo, u geometriji, uvek je predugačak. Nas, u stavri, zanima kratak cilindar. Relativno kratak. Pogledajmo sada njegovu osnovicu. Proširimo je. Sad sve sabijmo. Ne previše, pazite. Mora da ostane neka krutost. Efekat opruge, tačnije. A u isti mah. Pa onda? Pa onda, čak i tako, ishod je nikakav. Zaboravili smo na bradavicu.

Utoliko pre što smo bacili letimičan pogled. Pitanje očigledno nije u tome. Pritom, kad je reč o bradavici, letimičan pogled ume da potraje. Dakle, ipak imamo tu bradavicu. Punu. Atipično čvrstu. Ali stvari se ubrzavaju. Dete ne može da nađe bradavicu. Neshvatljivo. Kako, kažemo sebi, ne može da nađe tu bradavicu. Kako je to moguće. Kad bih ja, pomislimo namah. Jer čovek greši iz neznanja. Ne zna, istoga trena, da dete tu bradavicu ne vidi. Otvara oči, ali ne vidi. Što se nas tiče, zar ne, stvar stoji obrnuto. Vidimo je. Ali zatvaramo oči. Ne samo iz stida. To je reakcija. Da ne bismo videli. Tu bradavicu, tu. Majka je loše pristupila. Štaviše, pogrešno drži dete. Nemojte misliti da je to lako, međutim. Da je urođeno. Nije urođeno. Iscrpljujuće je. Ta žena nema više snage. Nema snage za taj pokret, tu kombinaciju pokreta, u stvari. Da pruži dojku i da drži dete. Slabo vlada celinom. Dete plače. Svi su poludeli. A kad je čovek na mom mestu, u toj situaciji, ne može da ostane skrštenih ruku. Reaguje. Pomaže.

Čekaj, kažem ja.

I ustao sam:

Prethodno sam sedeo.

Dobro, hoćete vi to da uradite, kaže negovateljica.

Bio sam zaboravio na nju. Bila je tu. Spremna da posavetuje. Da se umeša.

Hvala, rekao sam.

I prešao iza Flore. Sedeći na krevetu, pridržavao sam je rukom. Ona dva pokreta o kojima sam govorio, upravljao sam njima. Povezivao ih. Učvršćivao vezu. Između Male Mod i Florine dojke. Njene velike dojke. Stvorio sam celinu.

Nećete vi uvek biti tu, umešala se negovateljica. Postoji tehnika. Dozvoljavate li?

Sledeći put, rekla je Flora. Sad će biti u redu.

Kako hoćete, rekla je negovateljica.

Osmehivala se, dobro je to primala. I ja, isto. Nisam više znao šta da mislim. Previše ljubavi, rekoh sebi. Sreće, na tom mestu. Stoji. Vidi, rekao je sebi. Nije loša ta scena. Ti ljudi. Ako bolje pogledam.

Nas troje smo ostali sami. Trebalo je opstati. Mod je imala svoju predstavu o tome. Da puno pije. Dugo. Flora je ponovo pogledala na sat. I ja, isto. U osovini njenog sata, krivina njene dojke. Malo lice Mod, okačeno. I taj osećaj. Taj osećaj što. Da, kao maločas. Na trenutak. Ne. Ne bih se zakleo u to. Da je Flora to osetila. Isto to, da. Ono što sam ja osećao. Ne nekakav osećaj, ne. Izvesnost. Da. Tek osećaj.

Tako smo proveli, zajedno s Mod, nekoliko sati koji su nas primakli večeri. Mod je čas spavala, čas se budila, plačući, pa smo morali da je hranimo. Kad je spavala, razgovarali smo o njoj. Kad je sisala, govorili smo joj. Naročito Flora. Meni je bilo teško, pred njom, da govorim detetu. Nisam znao šta ona prva smatra da ja predstavljam za ovu drugu. Oca, očigledno, ne. Ali sam strahovao da se kod Flore, u korist tek nekakve reči, ne uplete i pomisao o nekoj lažnoj ujačkoj tituli. To mi je bilo odvratno.

Međutim, rado sam se sklanjao u stranu pošto Flora, dok se obraćala Mod, nazivala je njenim imenom, imenujući je, izdevajući je, ali utoliko više dodirujući je, grleći je, obavljajući nad njom različite pritiske, ukrštajući različite radnje na različite načine i, s mog stanovišta, dakle, različite glagole, radne, trpne, povratne, ili nepovratne, ponekad, pa čak i misaone, nije potpuno zanemarivala moje prisustvo. Bio bi mi upućen neki pogled, s vremena na vreme, koji bi u mom pogledu tražio neko odobravanje ili uveravanje, bila bi mi ponuđena neka rečenica čiji je naglasak tražio da bude ponovljena. Uveravao sam, dakle, ponavljao, dopunjavao, čak, podstičući kod deteta ono sporedno svojstvo, ono jedva primetno ali istrajno ponašanje koje Flora, previše obuzeta pažnjom, ophrvana ljubavlju, nije imala vremena da sagleda. Zatim bi se okrenula detetu, dugo ne videći ništa osim nje, uostalom, najčešće i nije mogla da je dodiruje u onom krevecu, pored njenog kreveta, razdvojenom staklom, pošto je negovateljica zahtevala da između dojenja Mod ostaje tamo kako bi se majka odmarala. Ista negovateljica je držala u vazduhu, jednom rukom, obe detetove noge – mada mi se ovde reč noge čini prejaka, ili predugačka, da bi se njome opisalo ono što je, u mojim očima, predstavljala, najpre zbrkano, nešto poput butina, stopala, listova međusobno slabo povezanih zglobovima koji su delimično skrivali ono što je trebalo da spajaju, te se celina mešala u ružičast i bucmast, debeljuškast prizor – ta ista negovateljica, dakle, uzela je da okupa Mod, zatim joj je promenila pelene, što su sve zahvati u koje je Flora najpre trebalo da bude upućena kroz primere, a da bi ih sama dobro izvela, trebalo je sačekati da povrati snagu. U stvari, Flora bi, umorna, često zadremala tokom onih sati kada bih ja ostajao sam sa Mod, obilazio je u njenom krevecu, ne usuđujući se da je uzmem ako bi i spavala, uzimao je čim bi se probudila da je odnesem Flori, drage volje pristajao na tu kohabitaciju koja je predstavljala početak jedne navike. Mislio sam, kada sam sreo Floru, tu ženu koju je dete već oblikovalo u velikoj meri, kada su se dete, i mnogo hipotetičnije od deteta, moj odnos sa njegovom majkom, oblikovali sami od sebe, mislio sam da ću, prihvatajući, a priori, da će te sporadične virtualnosti zajedno ugledati svetlo dana, doživeti šok. I te kako sam ga doživeo. Pri porođaju sam bio potresen, i još sam se tako osećao. Ali na drugi način. Osećao sam se, u ovoj sobi gde su ona dva toliko bliska, i podjednako novopridošla bića u mom životu, najčešće spavala, kao kod kuće. I bio sam, ma koja bila moja uloga, kod kuće, u toj sobi, ali takođe i u toj koži koju sam navukao na sebe i koja, u krajnjoj liniji, i nije bila tako nova. Nije bila tako nova, rekao sam, jer, pošto sam kraj sebe imao to dete i tu ženu, pre svega mi se činilo da se sećam. I nastavljao sam, dakle. Nastavljao sam svoj život s njima. Upoznao sam ih obe mnogo godina ranije i, bez obzira na Modine godine, koje su, dakle, bile promenljive, u našim rečima i pokretima, ništa, činilo mi se, nije bilo drugačije. Tom detetu ja sam već odavno, da skratim priču, i ma šta o tome mislila njegova majka, bio otac, i njegova majka je odavno bila moja žena. Čekao sam ih, stigle su, ništa normalnije od toga. Ostalo sam zaboravio. Bio sam kod kuće.

Samo što nisam imao pojma gde ću da spavam. Soba je bila zamišljena bez kreveta koji bi mene primio. Nismo, Flora i ja, razmišljali o problemu mog spavanja koje, pored nege koju je zahtevala Mod, uopšte nije ni mogao da dobije neki oblik. Sad mi je tek doprlo do svesti. Naravno, činjenica da su u ovoj sobi svi osim mene uglavnom spavali doprinela je toj pojavi, koju je osim toga pojačavao i neodređen osećaj umora kod mene. Ali pre svega, ponavljanje pokreta, stavova, reči, iste misli tokom celog dana, sve je to kod mene stvorilo nekakvu prezasićenost koja me je u sadašnjem trenutku činila spremnim da se konkretno suočim sa onim što će biti posle. Ta briga, uostalom, nije me mučila. Ali se ipak rađala. I nisam se usuđivao da to kažem Flori. Nisam hteo da je opterećujem sitnicama. Kako bilo da bilo. Ako je to bila samo sitnica. Čak mi se učinilo, ubrzo, da ni Florino ćutanje o tom pitanju nije sitnica. Ako zaboravimo na to da je zanimanje koje je bila spremna da pokaže za mene moglo biti nikakvo, zaključio sam da, što se nje tiče, problema nema. Ja ću negde spavati. Sutradan ću se vratiti. Drugim rečima, neću se ukrcati u voz te večeri. Dakle, ostaću. Kako, gde, to i dalje nisam znao. Ona kao da se za to nije brinula. I da se ona ne bi uznemiravala, rekao sam sebi, tu bi, iz više razloga, trebalo da se umeša njen brat.

U prvom trenutku, zaista, trebalo je da se on iznova pojavi. Iz više razloga, opet. Prvi je bio jednostavan, nesumnjivo, ne preterano nabijen smislom, ali dovoljno da bi zasluživao da bude pomenut: Žan je pre porođaja nestao i ustupio mi mesto. Kao bratu, sada mu je bilo vreme da se vrati. S nekim ocem, po potrebi, nekom ženom, decom, majkom, njegovom, drugom braćom ili sestrama, prijateljima. S buketom cveća. Vidi, vidi, rekao sam sebi, trebalo je i ja toga da se setim. Šalim se. Nisam imao vremena. A i učinio sam mnogo više od toga. Mnogo više od buketa cveća koji se poklanjaju majci. Mnogo više, uostalom, od svih buketa cveća. U toj stvari sam učinio svoje, hvala lepo.

Dakle, Žan. Brat. Govorio sam sebi. Morao je da se vrati. U bilo kojem trenutku, neodređenom, trenutku koji bi procenio na osnovu prosečnog trajanja. Trajanja porođaja, naravno. Ali to nije bila jasna stvar. I teško da sam mogao zamisliti Žana kako proračunava to vreme, sam, daleko od bolnice. Kako ga procenjuje, proizvoljno, i zatim odlučuje da je vreme. U taj i taj čas, dete se već rodilo. Moralo je da se rodi. Ili kako telefonira da proveri. Ah, nije? Još ne? Zvaću kasnije.

Nešto nije bilo kako treba. Ta bratska veza, možda. Njeno posebno mesto. Nije važno. Drugi razlog iz kojeg je Žan morao da dođe bio sam ja. Morao je da nastavi, činilo mi se, da me prima i dočekuje. Ja sam ovde nov. Nije bilo pada. Iskrcao sam se kod brata. Imao sam pravo da očekujem završnicu.

Došla je. Oko osamnaest časova. Malo rano za večeru, naravno. Ali nisam bio doručkovao. Florin tanjir, njegov skromni sadržaj, odvratio me je od toga da ga taknem. Uostalom, ni jedno od nas nije bilo gladno. Ali ipak. Bližilo se vreme da se napravi predah. Žan je bio otelovljenje tog predaha. Ušao je, opušteno, u sobu. Raspitivao se. Ah, rekao je. Beba. Da vidimo.

Prišao je. Čestitao mi uzgred. Uperio kažiprst prema Modinom vratu. Dobar dan, Mod, dodvoravao se. Kažiprstom, dakle. Između sitnih nabora na detetu, njenog dvostrukog podvaljka. Bio mi je poznat taj pokret, i ja sam ga koristio. Ja sam Žan, rekao je on, mašući nečim. Može biti raznih vrsta, ali dok ju je držao u ruci, u toj kili uzdignutoj na vrh, u zvučnom sudaranju uhvatljivih čestica, prepoznao sam zvečku. Nikada je nisam video tako izbliza. Ni Mod nije. Uhvatila ju je, a odmah zatim je odgurnula, kao neku smetnju. Zvečka je pala. Žan je zagrlio svoju sestru. Znači, nije bilo tako strašno?

Na sreću, one dve žene su se probudile. Bile su pristupačne, i jedna i druga. Flora je rekla da, nije tako strašno, Mod je zaplakala. Zatim Flora. Dobro, hajde, rekao je on. Malo sam se naljutio na Floru. Do sada se uzdržavala: Ali brzo sam shvatio da Žan s tim nema nikakve veze. Ili bar ne mnogo. Efekat mase, u najboljem slučaju. Njegovo krupno telo prenaselilo je prostor. Njegovo prisustvo se nametalo kao dokaz. Davalo detetu život. Ponovo.

Nije to ništa, rekla je Flora.

Ponovo je uzela Mod, bez moje pomoći, ovoga puta. Ja sam bio u pripravnosti. U dnu kreveta. Sedeo. Žan nije obraćao pažnju na onu jedinu stolicu. Nije ga zanimala, kako ono kažu. Bog zna da mi se njegovo prisustvo, baš u tom trenutku, učinilo nepotrebno, ali mi je bilo draže da ostane. Da me podseća na ono što će uslediti. Da moj život, tada, nije bio samo priča, priča u nekoj knjizi, Žan bi mi svakako sačuvao mesto. To sam sebi govorio. Da bi me, kao autor, naveo da učinim napredak. Ukratko, čekao sam da tačnije odredi moju ulogu. Bilo mi je potrebno da znam.

Izgledate crknuto, stari moj, rekao mi je on.

Ja? rekao sam ja.

Da, rekao je on. Povešću vas nazad.

Pogledao sam Floru. Ona je klimala glavom, ćutke. Da, stavljala mi je do znanja. Dovoljno si učinio. Imaš prava da se vratiš. Ne osporavam. Ali još nisam znao gde. Niti da li se od mene očekuje da učinim još nešto. A još se nisam usuđivao da pitam. Ni jedno, ni drugo. Još sam se bojao. Kakva šteta, govorio sam sebi. Kad si već promenio život. Kad si se već našao na drugom mestu. A plašiš se. Siguran u sebe, ali uplašen, ha. Čak se i dobro osećaš. Kao nikada. Ali drugi. Drugi ti ulivaju strah. Oni mogu sve. I što ih manje poznaješ, to više mogu. Kao Žan. Ne znaš ništa o njemu. Gomilu detalja, nema sumnje. Brbljivac. Ali on sve zna. Ono suštinsko. Jednako kao i Flora. Čak nemaju potrebe ni da govore. Znaju stvari, tek tako. Osećaju ih. Dokaz je to što one postoje. Negde i istina o mom životu postoji. U njihovim glavama.

Hvala, hoću, rekao sam.

Prišao sam Flori. Teturajući se. Padanje u nesvest mi se učinilo kao moguće rešenje. Spremao sam se da padnem, da izgubim svest. Setio sam se one žene u podrumu. Stojim, zatim trenutak lebdenja, onda ništa. Crno. Udobnost.

U poslednjem trenutku, Flora me je uhvatila pogledom. U njemu sam video neki sjaj.

Do sutra, rekao sam.

Retko kada sam, u sličnoj situaciji, tako nešto rekao nekoj ženi. Ali to nije bilo dovoljno. Morao sam i neki gest da učinim. Pred Žanom, naročito. Nisam imao preveliku želju da poljubim Floru. Ne ovako. Potisnuo sam svoju želju, onu drugu, da je poljubim, ali ne ovako, nego onako, nasamo, i popustio, sa smrtnim bolom u duši, pred obavezom koja mi je nametnuta. Da poljubim Floru ovako, pred Žanom. Nadneo sam se nad nju. Poljubio je ovako. Malo više. U ugao usana. Ona me je uhvatila za potiljak. Poljubila me. Onako. Pred Žanom. Jedva sam čekao da se izvučem. Nije mi prijalo. Ona me je zadržavala. Pružila mi svoj jezik. Bio sam nagnut. Morao sam da sednem. Inače bih je ugnječio. A sa njom i malu Mod. Ona je još bila tu. Nemoj to, rekao sam sebi. Da se opustimo na dva sekunda. Tri. Četiri. Hm, rekao je Žan.

Idem, rekao sam ja.

Čekaj, rekla je Flora. Spisak. Obeležila sam šta nedostaje.

Pružila mi je list hartije. Koji joj je dala, pretpostavljam, negovateljica. Propustio sam tu sekvencu.

Pelene za devojčice (ružičaste), pročitao sam. Platnene pelene. Sredstvo za dezinfekciju.

Dakle, rekao je Žan.

Idem, rekao sam ja.

Svoje stvari sam pokupio u letu. Pošao bih za njim i na kraj sveta.

Nisam ga pitao ništa dok nismo došli do kola. Pa onda ništa ni u kolima. I opet ništa. Pošto sam, sudeći po Florinom ponašanju, isključio mogućnost da će me vratiti na voz, uplašio sam se da me ne ostavi pred nekim hotelom. Strah da će mi se zahvaliti pošto sam im učinio uslugu, koji je Flora rasterala, sada je zamenio strah da ne budem sklonjen u stranu. Imao bih svoje mesto, tačno, ali daleko, daleko od bolnice, daleko od njihovih života.

Ali izišli smo iz grada. Hoteli su tu bili samo table koje su oivičavale drum i upućivale na neko udaljeno mesto. Da bi se do njih stiglo, trebalo je ići osamsto metara levo ili još sto metara desno, iza semafora. Ali Žan nije skretao. Samo je drum krivudao oivičavajući brda. Šumovit kraj, primetio sam. Stenovit. Međutim, Žan se još jednom udaljio od slike o sebi. Te večeri je to bio ćutljiv čovek, zamišljen, kao da se povinovao nekom protokolu prema kojem je ćutanje bilo pravilo. Nisam razumeo čemu na taj način odaje poštu. Nema nikakvog bola, razmišljao sam, koji bi u njegovim očima mogao da se veže za mene. Nikakve tajne, kod mene, koju bi morao da se potrudi da prećuti, u strahu da bi neka previše oštra reč nehotice mogla da povredi. Osim ako on nije krio neku tajnu, kao što mi se učinilo u bolnici. Ili je gajio. Da li je uopšte imao ženu, decu. Moglo se posumnjati u to. Stavio sam se na njegovo mesto. Sam je došao po Floru na stanicu, sam se vratio da je poseti. Volim ovaj kraj, rekao mi je (pogledom je u prolazu obuhvatio pejzaž). Ništa južnije od ovoga, ali već suvo. Žuto je pojelo zeleno. Ovde smo na visoravni.

Konačno. Moj vodič je odlučio da me vodi. Njegov komentar me je umirio. Popeli smo se nekom uzbrdicom, zatim se spustili. Krenuli duž autoputa. Novog, kako mi se učinilo. Izgleda da smo bili spori. Naporedo se nazirao još jedan drum. Na raskrsnici je neki starac, stojeći pod zaklonom, čekao autobus. Sleva, tabla koja je signalizirala provaliju.

Krenuli smo sporednim putem. Bio je uzak, penjao se, ne dugo, a zatim postao ravniji prolazeći ispod hrastova. Probijali smo se, malom brzinom, kroz dopadljiv šumarak. Kažem dopadljiv, pošto je bio svetao. Svetlost, još živa, probijala je sebi puteljke. Nisam pominjao sunce. Ono je obasjavalo taj lepi smiraj dana, nije mu dozvoljavalo da zahladni. Osećao sam se bolje. Jednako dobro kao kada sam se izvukao iz Florinog zagrljaja. Okolina je sledila.

Izbili smo na neko još svetlije mesto. Još je bilo hrastova, nekoliko grabova, lipa, ali manje. Drum se, završavajući se, delio na puteve koji su se, opet, širili u gumna. Nabijena zemlja, pomešana s ostacima lišća. Drveće je, uprkos potkresivanju, pravilo gustu, prijatnu senku koja nije odbijala svetlost. Sunce, nikada ravno, penjalo se uzbrdicama, ali se i širilo po zaravnima. Žan se parkirao. Nešto dalje je drveće ponovo bilo gušće. Imao sam vremena da vidim, dok smo stizali, zagrađene trupcima, kao na nekakvim poluproplancima, tri-četiri prizemne zgrade, od kamena, prekrivene crepom. I još jednu, svu od drveta, postavljenu na uzdignutom zemljištu koje je služilo kao prilazno stepenište. Fasada je bila pokrivena plakatima za vina, za podrume. Kanterbrau, pročitao sam na pročelju. Bar kod Provalije.

Žan me je gurnuo unutra. Smestite se tu, rekao mi je. Ostavio me je na terasi, na crvenoj stolici, pod žutim suncobranom. Koka-Kola, pisalo je na ivicama. S neverom sam bacio pogled unaokolo, ali unaokolo je zaista bila šuma. Daleko. Na proplanku je stajalo samo još jedno vozilo. I tu se nalazila ta kafana, dakle. Nasred šume. Stara drvena kafana. U blizini neke provalije. Svetlost je igrala povrh svega toga. Ne znam gde sam, rekao sam sebi. Ali dobro se osećam.

Sa terase sam gledao Žana kako posluje iza šanka. Bio je napravljen od oblica. U nekoj žutoj sali, sa zelenim stolicama. Nisam znao kako je lokal opremljen, ali sam sumnjao da aparat za kafu radi. Žan se vratio na terasu, noseći poslužavnik na kojem se iz dve čaše prolilo malo onoga što je moj domaćin, vidno, odlio iz dve boce, takođe prisutne, koje kao da su bdele nad čašama, spremne da vrate tečnost na prvobitni nivo. Bilo je to vino, zaslađeno nekim likerom. Da trgnemo po jednu, rekao je Žan kada mi je pružio moju čašu i sebi primakao stolicu. Pogledom je obgrlio proplanak. Evo, rekao je. Ovo je moja kuća.

Više bih voleo da je dodao da sam ja tu, u njegovoj kući, kako bi me uverio da sam zaista tu. Odnosno, da sam tu kao kod svoje kuće. Umeo bih da cenim neki njegov takav postupak. Mada, ne mogu da kažem da me je loše dočekao. Pili smo i, dok smo pili, saznao sam da je zemlju nasledio od nekog dede. Da se tu sekla šuma. Sve do dana kad. Žan je upro prstom u neko drvo, ukrašeno natpisom. Ulaz u provaliju, pročitao sam. Bila je to neka strelica, u stvari. Okrenuta ka našoj levoj strani. Bio sam zadovoljan, te večeri, što mi pokazuju strelice. U bolnici sam je sam pronašao, pa sam se izgubio. Sve do dana kad, nastavio je Žan. Našli su ovo. Ljudi su sišli tamo s konopcima. Ja sam vlasnik svega što je pod zemljom, objasnio mi je. Takav je zakon. Dakle, imam pravo da ga iskorišćavam. To ispod zemlje, ponovio je.

Te reči, koje je toliko cenio, imale su moć da mu razvuku usne. Žan se osmehivao, kao da je govorio o nekom rudniku. Oh, rekao je, to je mnogo posla, mnogo vremena. Ne isplati se uopšte. U stvari, dovoljno. U svakom slučaju, drvo će se manje prodavati. Pa dobro, rekao je.

Još jedan osmeh. Širenje ruku, ovog puta. Njegovo Pa dobro, nije bilo samo neodređeno. Učinilo mi se ogromno. Obuhvatalo je i mene. Zajedno s onim ispod zemlje, naravno. Ja sam bio novo bogatstvo. Ali se uopšte nisam plašio da će me iskorišćavati. Žan mi je ponovo napunio čašu. Rasejano sam ispio svoju.

Da, rekao sam. To je bio samo znak odobravanja. I komentar, takođe. Ne podnosim alkohol. Pijanstvo me tera da budem eliptičan. Da prezalogajimo nešto, rekao je Žan.

Večerali smo na terasi. Kuhinja, na brzu ruku, iz konzervi, proklijali krompir. Vina nije nedostajalo. Hoćete li ostati ovde? pitao me je Žan.

Poskočio sam. Bio sam negde drugde. Kako to? rekao sam sebi. Šta se dešava? Šta on to priča?

Zatim sam shvatio. Njegov način razmišljanja. Žan me je naprosto pitao računam li da ću ostati tu. To je bilo samo pitanje. Neutralno. Možda malo snishodljivo. Nizlazno, na gotovo neprimetan način, u pravcu potvrdnog odgovora koji je samo malčice predstavljao pitanje. Ono što me je pitao Žan, u suštini, bilo je da li može da potvrdi. Da ću ostati tu. Da zna. Tek da zna. Uz onaj prizvuk, dakle, koji pokazuje da je daleko od toga da ima nešto protiv. Ali da me neće terati. Da ostanem. Da sam slobodan, dakle. Slobodan, ali dobrodošao. Mogao sam i drugde da se smestim. Sa Florom i detetom. Da odlučim. To je bilo previše. Kad je u pitanju izbor, retko kada sam se našao pred tolikim bogatstvom.

Ne znam, rekao sam na kraju. Razmisliću malo.

U mom pijanstvu, jedva nešto malo kasnije, učinilo mi se da vidim neku devojku. Bezmalo devojčicu. Pojavila se na pragu bara. Dobar dan, obratila mi se. Dobro, idem ja, dobacila je Žanu. Sve u svemu, bila je lepa, živahna, postojala je. Prava devojka. Konobarica, rekao mi je Žan. Nestala je u prostoriji iza sale. Vraća se kući.

Krenula je prema drugim kolima parkiranim na proplanku. Upalila motor. Udaljila se. Ostali smo sami, na drugi način. Više nego pre. Njen odlazak nas je suočio jednog sa drugim.

Ipak, nadalje smo razmenjivali samo reči. Nismo više imali snage za rečenice. Ili samo za kratke. Mirno je, rekao bih ja. Žan je pribegavao prilozima, bio je to njegov način da doprinese nečim. Da, rekao bi on. Izvanredno. Ptice su postale pričljive. Nismo ih prekidali. Između dva cvrkuta, Žan bi dobacio neko ime. Sitel. Brijan. Proplanak je dobio crvenkastu boju. Pokazaću vam vašu sobu, rekao je.

Bio je to dug svršetak. Krenuli smo prema šanku. Pozadi su se nalazile dva odeljka. Jedan iza šanka: kuhinja, perionica. Druga, u dnu sale: sobe, tri. Obeležene pregradnim zidovima. Na toj površini ocrtavala su se vrata. Žan je otvorio jedna: zgrada u kojoj je bila kafana, sagrađena u samo jednom nivou, bila je dovoljno velika da bi i ta soba bila velika. Gledala je na neki brežuljak. Šuma se ovde dizala uvis, zaklanjala proplanak. Krevet je bio veliki, bračni. Nisam znao ko tu obično spava. Način na koji je bila uređena, ipak, svedočio je o izvesnom ukusu. Boje su se slagale, kao i oblici. Na nekom stolu, kutije. Kovčežići. Žan očigledno nije bio oženjen, ja sam spavao u Florinom krevetu.

Dobro. Kasno. Žan me je probudio. Prethodne večeri, obećao mi je da će mi pokazati ostatak. Po njemu, ono suštinsko. Male zgrade, rasute u podnožju kafane. Provaliju. Doručkovali smo na terasi. Dobro, rekao mi je, imamo vremena. Oni će doći tek kroz jedan sat.

Pretpostavio sam da misli na posetioce. Žan me je poveo do ulaza. Neka zgrada ga je skrivala u blizini provalije. U prolazu sam opazio rešetke, metalna vrata, zatvorena, između dva stuba, s malim krovom od crepa na vrhu. Vodila su u neodređenu prazninu, oivičenu kamenim zidovima, obraslim mahovinom, gusto pokrivenim lišćem. Zelena vizija. Naspram koje su stajali goli zidovi na ulazu. Žan je otvorio, uveo me, pokazao mi tablu sa fotografijama, neku gvozdenu kutiju. Tu je bila neka fotelja. Ja ostajem ovde, rekao mi je.

U društvu prospekata, brojnih, koji su ih prekrivali, moj pogled je ostao vezan za zidove. Sve do tavanice, na sve četiri strane, videle su se samo provalije, pećine, špilje, snimljene skupocenim aparatima u noći osvetljenoj blicevima. Cela jedna zemlja, Francuska, pomislio sam, pružala se tamo, istrgnuta ispod zemlje uz pomoć bliceva. Zemlja vlažnog kamena, tu i tamo obrađenog u gotičkom stilu. Ukratko, pomislio sam, okupljanje. Žan je negovao duh grupe.

I male suvenire je prodavao. Ogrlice, prstenje. Gde je, optočen, ostajao ovekovečen kamen. Takođe, usitnjen, u vrećicama. Što se ostalog tiče, u izlozima, ikonografija je okretala leđa tom mestu. Širila je polje, pokazivala nebo, brda, čak išla i dalje izvan cele oblasti, spuštala se na jug, pozivala na putovanje. Posetioci su, očigledno, prolazili pored toga. Već im je bilo poznato. Na izletu, prodavali su im samo polaznu tačku. Ili tačku pada, takođe. To je isto. Ali za mene, naravno. To je značilo potvrdu. Bio sam tu. Ići dalje nije imalo smisla.

Ona mala je vodič, ali nikako da stigne, primetio je Žan. Između dve pećine, stajao je kuhinjski časovnik. Postavljen među prospekte. Tamo ima više mesta. Otvaramo u deset, rekao je on.

Još pet minuta, govorio je on.

Začuo se neki motor. Žan je opsovao. Izišli smo. Neki autobus. Minibus, dvanaest osoba. Izišli su. Neki čovek nam je pošao u susret. Bio je to vodič. Ne ona mala. Vodič koji je doveo te ljude. Dobar dan, rekao je Žan. Sad ćemo da otvorimo. Niste zakasnili.

Ostavio ih je na proplanku. Mi smo se vratili do ulaza. Žan je seo za sto, vodič je ušao. Ulazna vrata, zaista, ostala su otvorena. Žan je, ne odugovlačeći dalje, otvorio kutiju, izvadio karte, prodavao ih. Još samo minut, rekao je vodiču. Čekamo vodiča. Pred vodičem više nije upotrebljavao ženski rod, ne znam zašto. Doći će ona, izdao se. Mora da stigne.

Nije stizala. Stojeći ispred nekog izloga, proučavao sam razglednice. Ne volim osobe u nevolji. Voleo bih da mogu da mu pomognem. Dobro, rekao je Žan vodiču, krenućemo. Molim vas, samo još trenutak.

Ustao je sa stolice, došao po mene, odvukao me do ogrlica, u stranu. Lik, rekao mi je. Potreban si mi. Prethodnog dana, uz piće, između nas, bez ikakvih prepreka, pojavilo se ono *ti*. Ne brinući se previše oko njega, pustili smo ga da raste.

Možeš li da ostaneš kraj kase? upitao me je. Ja ću da ih povedem u obilazak. Tarife su naznačene na tabli. Ako vodič dođe, objasni joj. Šta? rekao sam ja. Ne znam, rekao je on. Ko si ti. Ja? rekao sam ja. Da, rekao je on. Naravno. I kaži joj. Za zakašnjenje.
Kako to?
Ne, rekao je on. Ništa. Videću ja kasnije.
Ostavio me je samog za svojim stolom. Kroz prozor sam video kako vodič okuplja ljude, zatim Žana kako ih vodi, sve zajedno, u pravcu provalije. Kroz otvorena vrata, ovoga puta, video sam Žana kako otvara vrata provalije. Zatim su svi ušli ispod zemlje. Raširio sam neki prospekt.
Nisam bio pribran. Prelazio sam s jedne slike na drugu. Lupkao prstima po stolu, dizao telefonsku slušalicu. Vraćao je nazad. Vidi, rekao sam sebi, telefon. Nisam ga primetio. Ali nisam uzeo broj telefona bolnice. I nisam mogao da pozovem Floru. A želeo sam da pozovem Floru. Sada. Zbog telefona. U protivnom, bilo bi mi dovoljno i da razmišljam o tome. Razmišljao sam, dakle. Utoliko pre. Znao sam da izjutra, u bolnicama, nema poseta. Ipak, govorio sam sebi, mogli bismo da razgovaramo.
Postao sam nestrpljiv. Popodne, rekao sam sebi, počinje u trinaest časova. Dobro mi je ovde, ali u redu. Pogledao sam na časovnik. Deset i petnaest. I Žan će se vratiti. Čak ne znam ni kad. Nije mi rekao koliko vremena traje, poseta. Vratiće se, i šta onda? Hoću li samo moći da mu kažem? Da mi Flora nedostaje, da. Njegova sestra. Može li on to da shvati?
Svakako, rekao sam sebi. Može. Osećam da može. Dokazao je to. Sačekaću da se vrati. Onda ću mu reći. Nedostaje mi Flora. Da li si uzeo broj bolnice? Daj mi ga, molim te. Hoću da znam i kako je Mod. Znam, ali ja ga nisam uzeo, broj. Ali ti. Njen brat. Nisi? U redu,

trebalo je ja da ga uzmem. Ali svakako ga imaš negde. Od ranije. Otkako živite ovde, vas dvoje. I otkako Flora. Zacelo negde imate broj. Svakako, rekao sam sebi. On svakako ima broj. Samo treba da sačekam da se vrati.

Osim ako, rekao sam sebi. Čak i ako on ima broj. A popodne, kako ću da odem u V...? Hoće li me on odvesti? A ako neće? Ima ona autobuska stanica, istina. Malo je daleko, pešice, ipak. Moraće da me odveze. Ali u svakom slučaju. U svakom slučaju, i on će ići tamo, u bolnicu. Odvešće me. Ipak je to njegova sestra. Poželeće da je vidi. I svoju sestričinu. Poći će. To je prirodno. Ako vodič dođe, barem. Pa opet. Kako će ona, sasvim sama, između provalije i ulaza? Žan neće ići, dakle, rekao sam sebi. Ili opet. Predvideo je nešto. Neko rešenje. Nekog prijatelja. Nekog suseda. Ne mogu da zamislim da nema rešenja. Doći će, dakle. Ne znam kako, ali će doći. Rado bih ga zaobišao, očigledno. Sviđa mi se, o tome nema reči. Ali ipak, kada bih imao kola. Priznajem. I kada bih znao da vozim. Kad bih mogao da odem sam, jednom, u tu bolnicu. Da vidim da li bez njega.

To je bila moja sumnja, sada. Pitao sam se da li u krajnjoj liniji. Taj tip, Žan. Brat, da. Njegova uloga. U mom životu. Njegovo mesto. Ono koje je on zauzimao, u svakom slučaju. A da i ne računamo ono koje mi je tamo, naizgled, davao. Naravno, izabrao sam da ostanem. Očigledno. Nisam to hteo da kažem.

Nisam čuo kada su se druga kola parkirala. Primetio sam to tek kada sam video onu devojku. Kada sam je video, dakle, kada sam video njeno lice, čuo sam njena kola. Čudno. Onaj šum motora koji se prekida, u pogledu žene. Pozdravila me je, uzgred, kroz prozor na ulazu. Nije to, uostalom, bila neka žena, nego devojka od prethodnog dana. Ona prava. Otišla je pravo za šank.

A vodič, e, ona se uopšte nije pojavljivala. Treća kola, pa četvrta, došla su da se poređaju na proplanku. Svet dolazi. Dobar dan, rekao sam. Francuzi, kao i oni drugi. Nisam bio raspoložen da se sad bavim stranim jezicima.

Prodavao sam karte. Vraćao kusur. Sačekaćete malo, rekao sam. Nedostaje nam osoblje, u ovom trenutku. Vodič će odmah doći. Mislio sam na Žana. Nisam poznavao drugog vodiča.

Četrdeset i pet minuta. Toliko traje poseta. Žan se opet pojavio. Dame i gospodo, rekao je. Molim vas, pođite za mnom.

Dahtao je. Mora da je duboka, ta provalija. Ponovo je sišao dole. Nije čak imao vremena ni znak da mi da. Ja sam ostao na svom mestu. Tokom njegovog odsustva, razgledao sam neku brošuru. Dvadeset i pet metara. I nema lifta, pretpostavio sam. Prirodno, kad je pećina mala. Tako mala provalija, čak nije ni slavna. Ali morao sam da prekinem čitanje. Prethodni posetioci su hteli suvenire. Cene su bile obeležene, na sreću. Prodao sam im. Oni su otišli. Nije ih zamenio niko. Nikakav motor, na proplanku, nije prestao da radi. Trideset minuta kasnije (a ne četrdeset i pet, primetio sam) Žan se vratio na površinu. Iscrpljen. Pobrinuo sam se za njegovu grupu, oko suvenira. Tu je bila i neka stolica, na ulazu, osim one fotelje, i on je seo tamo, prepustivši mi posao. Umeo je to da ceni. Kao i ja. Njegovu zahvalnost. Zatim smo ostali sami. Idemo da ručamo, rekao je, zar ne?

Da. Ručali smo. Konobarica nas je poslužila. Na sreću, pošto na proplanku više nije bilo nikoga, niko nije ništa pio za šankom. Uostalom, hrana nije ni služena. Samo osoblju. A mi smo bili osoblje, i to prvorazredno. Uz nešto malo taštine, možda. Ali Žan je bio zabrinut. Razmišljao je o svom vodiču. Mogla je makar da se javi, primetio je.

Posle kafe, pozvao ju je telefonom. Bolesna je, rekao mi je. Veoma bolesna. Njena majka mi je. Blago meni. Mala studentkinja turizma. Stručna, u tome. Nije mogla da zove, naravno. U stanju u kojem se nalazi.

Srediće se, rekao sam ja.

Hoće, rekao mi je Žan. Naravno, srediće se. Mora da se sredi. Nema mi druge.

Podigao sam pogled ka nebu. Video sam samo okrajke. Pomislio sam, rekao je Žan.

Znam, rekao sam ja. I ja.

I složio bi se? rekao je on.

Nisam se loše snašao, jutros, na ulazu.

Ah, rekao je Žan, ti si moj spas.

Nego, popodne će biti problem, rekao sam ja.

Da, rekao je Žan, razumem. Razumem. Hoćeš da ideš.

Svakako, rekao sam ja. Ići ću.

Razumem, rekao je Žan. Snaći ću se ja. Imam nekog strica.

E, pa, eto, rekao sam ja. Tako je. Stric.

Moraću da ga nađem, rekao je Žan.

Pogledom sam pokazao na telefon, na šanku. Tamo su bila dva aparata, u provaliji. Žan je upravo upotrebio ovaj ovde da bi pozvao vodiča. Ponovo se poslužio njime. Na moj nagovor, možda. Nema nikoga, rekao je.

Zvaćeš ga ponovo, rekao sam ja.

Da, rekao je on. Svakako. Za popodne, pozajmiću ti kola.

Hvala, rekao sam ja. Mnogo mi to znači. Ali.

Ne znaš da voziš.

Ma nemoj? Toliko mi se vidi?
Naslućuje se.
Biće problem ko će da me odveze, rekao sam ja.
To ćeš mi sada reći.
Dobro naslućujemo jedan drugog, rekao mi je on.
Da, rekao sam ja.
Neću te odvesti, rekao mi je on. Ne mogu. Čak i ako bi moj stric. Suviše nas je malo ovde. A ja ne zatvaram. Neću da zatvorim. Nikad ne zatvaram. To bi bila katastrofa. Naučiću te da voziš.

Odista, malo sam vozio, greškom, u mladosti, kraj nekog napetog instruktora koji nije umeo da me navede da se osećam ugodno. Na ispit sam izišao samo jednom, pred nekakvog potuljenog ispitivača koji me je pustio da se zaustavim u četvrtoj pošto sam prošao kroz crveno svetlo. Osim toga, nije me ni ohrabrivao. Ali pre svega, odustao sam zato što me je, na kraju, i žena koju sam u to vreme voleo napustila posle sedmog časa, i nije me više zanimalo da naučim da vozim. Nije bilo više nikoga koga bih vozio.

Ovaj novi čas bio je kratak. Motor mi se ugasio pred nekom grupom. Pet osoba, ne više. Koje su izišle iz džipa. I uposlile Žana. Zatim smo proučavali neku rupu. Bilo je četrnaest časova. Žurio sam da vidim Floru, ubacio sam u prvu. Poskočio je. Ugasio se. Žan mi je pokazao kako ću bolje, stopalima. U kojim razmacima. U plivanju, rekao mi je, imaš kraul. Da, rekao sam ja. Nisam hteo da mu protivrečim. Ovde nisu u pitanju noge. Nego stopala. Stopala pritiskaju. Pokazivao je svoje šake. Ovaj pokret, rekao je. Ovo pomeranje. Stalno. Nikad skupljena, stopala. Nikad zajedno. Suprotno od plivanja.

Sve to već znam, rekao sam ja. Samo treba da stignem donde.

Prebacio sam u prvu. Nije mi se ugasio. Bio sam motivisan, ovoga puta. Sad u drugu, rekao mi je Žan.

Treba da pređeš u drugu. Posle si miran. Prva je najteža. Još nisi krenuo. Ah, vidiš, rekao mi je. Krenuo si. Vidi.

Vidim, rekao sam ja. Vozili smo se po proplanku. To je bilo praktično. Nikoga naspram tebe. Ako naiđu neka kola, rekao mi je Žan, jednostavno, samo prikočiš. U svakom slučaju, to su posetioci. Ti ih dočekuješ.

Brzo sam učio. Za treću, pritisli smo do daske. Za četvrtu, izišli smo na autoput. Da bi stigao u V..., rekao mi je Žan, nema potrebe da ideš autoputem. Ostani na ovom. Naravno, ima okuka. I strm je. Koči motorom. A za parkiranje? rekao sam ja. Kod bolnice se ne parkiraš, rekao mi je on. Samo se zaustaviš. Leto je.

Ipak smo morali da sačekamo strica, Žan ga je našao. On je stigao u petnaest časova. Bio je to neki stari stric, suv, iz obližnjeg sela, zainteresovan za opštinske poslove. Objasnio mi je. Razumem, rekao sam.

Ostavio sam ih, njih dvojicu. Krenuo. Posle dvadeset metara, čuo sam da neko viče. Još nisam bio izišao s proplanka. Retrovizor! začuo sam. Pogledao sam u retrovizor. Žan mi ga nije pominjao. Poskakivao je, i dalje vičući. Retrovizor! pretpostavljam. Više ga nisam čuo. Izišao sam na put.

Zatim ga više nisam video. Nego samo put. Prazan. Barem, za volanom. Bilo je saobraćaja. Ne previše, ali ipak. Držao sam svoje desno. Kočio na nizbrdicama. Plašilo me je samo da mi se ne ugasi motor. Da se ne vratim na mrtvu tačku. Nema ni govora, rekao sam sebi. Neko me je preticao. Nisam obraćao pažnju. Ispred sebe, rekao mi je Žan. Gledaj ispred sebe. Zato smo zaboravili na retrovizor, naravno. Gledao sam malo i sa strane, ipak. Bilo je džombasto. Opasno je to. Trebalo je da me upozore. Sklanjao sam se kada bih začuo da mi neko dugo svira. Uplašio sam se. Bio je to nov osećaj. Ne sećam se da sam osećao strah. Bol jesam, to znam, ali strah, ne baš toliko. Ili samo izdaleka, neki mali.

U gradu sam zapazio da mi Žan nije rekao ništa o saobraćajnim znakovima. O njihovoj vezi sa praksom. Slabo sam povezivao te dve stvari, kao i uvek. Čas bih čitao, čas vozio. Neka vrsta mudrosti, u suštini, ali prevaziđene. Previše zen. Naročito sam imao teškoća na raskrsnicama. Znao sam kakav je znak, ali raskrsnice nisam video. Nisam ih predviđao. Projurio bih kroz crveno. Ili bih naglo ukočio, ugasio bi mi se motor. Najteže mi je bilo da nađem apoteku, zbog spiska. Osim što sam pazio na crveno svetlo, još sam tražio i zeleni krst. Neki je počeo da se pali i gasi kad sam jednom prošao na crveno. To sam video. Parkirao sam se nasred ulice, kupio šta mi treba, ponovo krenuo, bez problema. Napredovao sam. Dobro sam se osećao. Izvanredno dobro. Zapanjen. Zanet. Darovit, čak. Lako sam stigao u bolnicu. Na sreću, bilo je obeleženo strelicama. Oznaka za bolnicu svuda je privlačila pogled. Na parkingu sam, po Žanovom savetu, stao. Posred neke crte, ali daleko od zida. Malo previše daleko. Zadnji deo je smetao. Nisam hteo da rizikujem – uzaludno, rekao sam sebi – da ponovo upalim motor da bih se pomerio jedan metar. Povukao sam ručnu. Izišao iz kola, ocenio da je rezultat prihvatljiv. Auto će da prođe. Može da prođe, hoću da kažem. Možda ne ako je veliki. Dimenzije ambulantnih kola nisam uspevao sebi da predstavim. Velikih ambulantnih kola.

Posle nizova hodnika, protivpožarnih vrata, praznih kancelarija, stigao sam do Flore. Učinilo mi se da je bleda. I bila je. Više nego obično.

Boli me, rekla mi je.

To je i predvidela. To nije bio razlog. Shvatio sam da sam je poljubio. Njen poljubac me je podsetio. Samo kratko. Smetao sam joj. Loše izabran trenutak, nesumnjivo. Ipak, ne vidim zašto ne bismo poljubili ženu koja se muči. Naprotiv. Naročito kada je ponovo sretnemo. O tome sam želeo da posvedočim. Osim toga, tražio sam reč dostojnu da prenese moj postupak. U trenutku kada sam je ponovo sreo, ona me je naterala da zaćutim. Njena ruka na mojim usnama. Tako je bilo bolje.

A Mod? rekao sam ja.

Najnežnija reč koju sam uspeo da nađem, a koja je mogla zaslužiti njen prekor. Isto tako, i moj. Još su nam nedostajale reči, činilo mi se, kada smo sami. Imena, naročito. Mnogo glagola, nesumnjivo. Neke rečenice su nas povezivale, pričale našu priču, već. Ali imena, imena koja nas čine jedinstvenim, njih uopšte nije bilo. Osim naših ličnih. Pa opet. Retko smo zvali jedno drugo. Ostalo je ime Mod, da.

Ona nije bila tu. Flora mi je objasnila. U bolnicama, u porodilištima, postoje odeljenja za negu. Tamo se brinu o detetu kada majka to traži. Kada je umorna. Ili kada ima bolove. To je moj slučaj, podsetila je.

Kako je ona? bio sam uporan.

Vrlo dobro.

Ali ti nisi, rekao sam ja.

Ne, rekla je ona. Ja nisam.

Oborio sam glavu. Tražio neki odgovor, neki razvoj. Zaista sam, ne mogu to da mi ospore, pomogao ovoj ženi. Čak i u bolu, onom naročitom bolu tokom izuzetnog napora. Ali nisam uspevao da prodrem u tu patnju koju je ona trpela. Prokleti stažista, rekao sam sebi. Taj što ju je zašio, da, bolje da i ne znamo kako. Ali nisam se usuđivao, ne. Nisam umeo da podelim tu patnju. Previše je pasivna, u stvari. S njenom voljom, tako je, nisam imao nikakvog problema. Prilagodio sam se. Ali ovde. Ona se nije borila. Trpela je. Bila. I bila je samo ona. Slabo sam je poznavao.

Uostalom, rekao sam sebi. Pre svega reči. One koje mi nedostaju. One koje mi ona ne dozvoljava, one koje sam sebi ne dozvoljavam, kako bih joj pomogao. Te iste reči koje odričemo sami sebi, u ovom trenutku. Pre svega ona. Ja, strogo uzevši, i ne govorim. Osećao sam ih, međutim. Dolazile su mi. Draga moja. Potiskivao ih. Srce moje. Ali ne. Nešto nedostaje. Neko trajanje. Ne. Snaga. Snaga koju ja nemam, koju mi ona ne daje. Jadni mi, rekao sam sebi.

Mogu li da je vidim? pitao sam.

Svakako, rekla mi je ona.

Krivila je lice. Pokazivala mi svoj bol. I dalje. Ipak, dodirnuo sam je. Uvek te ruke, taj dodir rukama. Da je dodirnem, to mi je najbolje polazilo za rukom, sada, kraj nje. Nije bilo previše teško. Dodirivati neku ženu, ovako, zato što smo odlučili da je volimo, i voleti je, za to je dovoljno samo da ona to hoće. A ona je htela. Dobro. Samo to je i htela. Juče, rekao sam joj, međutim. Kada sam otišao od tebe. Šta? rekla je ona.

Pogledao sam je. Nisam je voleo, tu. Mora da je mnogo patila. Čini mi se, rekao sam.

Šta? ponovila je ona.

Da te ne volim, rekao sam ja.

I to je bio način da se razgovara, naravno. Malo nasilja, rekao sam sebi. Previše sam blag. Ali ona me je gledala, sada. Nije uspevala da shvati. Kako čovek koga je srela četrdeset i osam sati ranije na bazenu, i koji je četrdeset i osam sati kasnije još tu, kraj njenog uzglavlja, može da je ne voli. Ili da je voli. U stvari, pre svega da je ne voli. Pre svega kada ona pati. A ja

sam želeo da ona to shvati. Čekao sam. I video sledeće: obuzimao ju je bol. Drugačiji. Meni nadohvat. Naivna si, rekao sam. I poverovala si mi.
Ne znam, rekla je ona.
Nije izgledala kao da zna, zaista. Izgledala je izgubljeno. Ja sam se malo snašao.
Ne volim te, rekao sam, kad si takva.
Kakva to, takva?
Promenljiva, rekao sam.
To je zato što me boli.
Ne volim da te boli. Šta da radim kako bih je video?
Idi tamo. Možeš tamo da ideš. Levo, prvim hodnikom. Obeleženo je strelicom.
Stigao sam do odeljenja za negu. Zatražio da vidim Mod. Idem po nju, rekla je neka negovateljica. Mogu da pođem sa vama, rekao sam ja. Prošli smo između nizova krevetaca. Mod je nosila najmanju narukvicu na svetu. Sa svojim imenom. Prepoznao bih je i bez toga. Shvatićete da to kažem bez hvalisanja, pošto to uopšte nije bila moja zasluga, ona je bila najlepša. I izdaleka. Uostalom, ni druge nisu bile grozne, kao bebe. Njihova odrasla strana, to je već nekakva strana trgovačkog putnika. Svi liče jedan na drugog.
Ne, rekao sam. Pustite je. Mod nije plakala, u svom krevecu. Dao sam joj prst da se za njega uhvati. Negovateljica se udaljila. Mod, izgovorio sam. Glasnije nego prethodnog dana. Ne, tiše. Razgovetnije. Mod, rekao sam, dakle. Neću dugo ostati, tvojoj majci nije dobro, potreban sam joj. Zovem se Lik. Gavarin, pomislio sam. Neću ti više o tome govoriti, rekao sam.
Bilo je lako, osmehnuti joj se. Samo očima. Mogu li da je uzmem? rekao sam. Okrenuo sam se. Negovateljica nije bila u sobi. Uzeo sam dete. Ona je zaplakala. Au, rekao sam. Ne plači, Mod. To sam ja,

Lik. Ma, ćuti, rekao sam, ćuti, ljudi će još pomisliti. Prestani. Neki problem? rekla je negovateljica. Ah, rekao sam ja. Vratili ste se. Ne, u redu je, u redu je. Plače, ipak, rekla mi je negovateljica. Primetio sam, rekao sam ja. Možda je gladna. Možda, rekla je negovateljica. Onda se pobrinite za to, rekao sam ja. Videćemo se kasnije, Mod, nagnuo sam se ja. Poljubio sam je, u nos, vrhom usana. Vratio je. Doviđenja, rekao sam negovateljici.

Ponovo sam otišao do Flore, imala je vremena da razmisli. Kako je? rekla mi je ona.

Dobro, rekao sam ja. Sigurno je bila gladna. Plakala je.

Hrane je, tamo.

To sam shvatio, rekao sam. Imam jedno pitanje. Mogu li da ti postavim pitanje? Voleo bih da znam.

Da?

To je teško pitanje. Mogu li da ti ga postavim?

Da.

Ali ne mogu.

Onda nemoj da ga postavljaš, rekla je ona.

Ah, ne. Ne to. Ne tražim to od tebe. Tražim ohrabrenje. Pomozi mi, bolje. Umesto što.

Dobro, rekla je ona. U redu. Pomoći ću ti.

Ipak je imala onu tvrdoglavu stranu, u pogledu, kad bolje razmislim. Dopadalo mi se to.

Hvala, rekao sam. To mi mnogo pomaže. Eto. Da li.

Da li, šta?

Da li će doći, rekao sam.

Ne treba žuriti, rekla je ona.

Eh, ne, rekao sam ja. Ne treba. Vidi, pošto sam ti došao u posetu, imamo vremena. Ne treba da žurimo. Možemo čak i da pričamo o nečemu drugom, u međuvremenu. Šta misliš o tome?

Da, tako je, rekla je Flora. Da. Uvek možemo.

Dopadalo mi se i to što mi je odgovarala na taj način. Kao odjek. To mi je ostavljalo vremena. Vremena s njom.

Na primer, rekao sam, mogao bih da te pitam nešto drugo. U međuvremenu.

Zaista, zašto da ne, rekla je ona. Šta to?

Pričaš li joj malo o meni, ponekad?

Skrenula je pogled.

A šta je bilo prvo pitanje? rekla je.

Isto to, rekao sam ja.

Ah, rekla je ona. Pa dobro. U pravu si. Teško je to pitanje.

Čekaj, rekao sam ja. Pomoći ću i ja tebi. Postaviću ti treće pitanje.

Opet isto, pretpostavljam.

Gotovo isto, rekao sam ja. Gde je njen otac? Čekaj. Imam još pitanja. Odgovorićeš mi na sve zajedno. Šta radi? Kakav je to tip? Da li te je ostavio? Kako? A ti? Voliš li ga još, ili šta? Kada će se vratiti? Kada će se pojaviti? Nikada? Da li ćeš ti njega da potražiš? Da mu oprostiš? Kada? Gde prestaje moja uloga u ovoj priči? Da li me voliš? Da li ćeš me voleti? Da li želiš da me voliš? Da li bi ti odgovaralo, na kraju krajeva, da me voliš? Znaš li da ja tebe volim? A ono dete? Da li si se upitala da li ga ja volim? Da li sam pomalo počeo da ga volim? Da li ti se čini da je to moguće, ovako brzo? Koju muziku slušaš?

Zastao sam.

Čekaj, nastavio sam. Nemoj da odgovoriš. Ne govori ništa. Pomoći ću ti. Još, tako je. Moguće je. Volim vas. Ne mogu tu ništa da učinim. Šta ti tu možeš da učiniš? Možeš li ti da učiniš nešto za mene? Da mi odgovoriš, na primer?

Ne, rekla mi je ona.

Naslućivao sam to, rekao sam ja.

Mnogo je toga, rekla je ona.

Istina, rekao sam ja. Samo treba da krenemo ispočetka, predložio sam.

Malo sam umorna, rekla je ona.

Od samog početka, rekao sam ja. Da li joj malo pričaš o meni? Hajde.

Ne, Lik. Ne pričam joj o tebi. Ne znam kako bih to učinila. Ne znam ko si ti, za nju.

Čekaj, rekao sam ja. Čekaj. Ne znam ni ja. Hajde malo da pričamo, hoćeš li?

Na moje iznenađenje, ostali smo u neizvesnosti. Lepo smo mogli da budemo iskreni, da se lažemo – u stvari, pre svega ona, ja nisam imao šta da krijem, nisam imao nikakvu zaslugu, čak sam i aktovku ostavio u provaliji, svoju jedinu tajnu, strogo uzevši, koju je ona, uostalom, znala, znala je čemu ona služi – i nećemo se iz nje izvući. Da plačemo, da. Naposletku, Flora. Pre svega Flora. Ja, ne previše, u stvari. Znam ja i za gore. A kada je plakala, išlo nam je, da. Napredovali smo. Fizički. Jedno prema drugom. Bila nam je potrebna pomoć, oboma, potrebna ljubav, očigledno, kao i svakome, to je baš blesavo, kao problem, u suštini. Ali nije jednostavno. Ne za nju. Ja nisam bio muškarac koji, izgleda. Nisam ja muškarac koji, govorio sam. Ma, jesi, govorila je ona. Jesi. Naprotiv. Eh, to Naprotiv. Dobro, rekao sam ja na kraju. Najbolje je da se vratim sutra. Bićeš starija. Možda ćeš videti jasnije.

Idiotski, rekla je ona.

Dopadalo mi se da je opustim, kada sam ja napet. Bila je to moja mala snaga. Zatim smo se rastali. Tako je bilo bolje. Ne bih ostao ni trenutak duže. Poljubili smo se. Čedno, previše. Kada bi mogao da mi nađeš neki pojas za spasavanje, dobacila mi je ona. Molim? rekao sam ja. Pojas za spasavanje, da sednem na njega. Pošto mogu da sedim, u načelu. Nisam bolesna. Ali ležim, ovde. Da, rekao sam ja, vidim. I čujem. Rekla si mi pojas za spasavanje. Kakav pojas za spasavanje? Ne znam, rekla je ona. Rekli su mi, pojas za spasavanje. Dobro, rekao sam ja. Ali gde ja to da nađem? Ne znam rekla je. Dali su mi recept. Daj da vidim, rekao sam ja. Pojas za spasavanje, pročitao sam. To je sve? Svejedno im je čiji? Ako se nađe, rekla je ona, to je običan pojas. Klasičan. Čudi me, rekao sam ja. Ne verujem da u apotekama prodaju obične pojaseve za spasavanje. Tačno, rekla je ona. I uz tu sićušnu tajnu, rastali smo se. Ili bezmalo. Flora mi je tražila još nešto. Ma ne, rekla je, ne, na kraju krajeva, nema veze. Imam svoj. Pa o čemu govoriš? rekao sam ja. O fenu za kosu, rekla je ona. Tražili su mi fen za kosu, za moj rez. Za šav, hoću da kažem. Da koristim fen za kosu. Ah, rekao sam. Nisam shvatao. Zatim sam shvatio. Ah, rekao sam, ah. Šta, ah? rekla je ona. Ne shvataš? Za moj šav. Da, rekao sam ja. Naravno. To, da. U redu.

Kada sam se vratio u kola, razmislio sam. Ne o nama, ne. O nama više nisam imao želje da razmišljam. Samo da poželim sreću, u stvari. Kao neko treći, neka vrsta sudije. Što ja nisam bio, očigledno, daleko od toga. Ne. Osećao sam da sam ništa. Ništa, s velikom prazninom u lobanji. A iza, spremna da iskoči, ne. Čak ni to. Nikakva patnja. Opipljiva, hoću da kažem. Nego nekakva strepnja, opet. Da. Uvek, sada. Raste. Ne napušta me. Sama, bespredmetna. Ogromna strepnja. I jedna misao, ipak. Smešna, mala. Ne. Ne tako mala. Razmišljao sam o onom pojasu za spasavanje. I o fenu za kosu. Inventar za kupanje. Nepotpun, naravno. Pre, posle. Bilo mi je čudno to neodređeno podsećanje na bazen. Kao da. Kao da, šta? govorio sam sebi. Pa dobro, kao da ima nešto što se ne menja. Ne razvija se. Još od bazena. Kao da se sve zaledilo, još od epizode na bazenu. Ili kao da je počelo, tačnije. I završilo se. Istovremeno. Kao da postoji nešto u mom životu, dakle. Ali iza. Što u ovom trenutku, da, nesumnjivo. Ali što posle, ne, ništa. Čak ni Mod. Baš dobro što se rodila. Moja priča traje do bazena. Posle, to više nije moja priča. To je tuđa priča. A ti, rekao sam sebi, ti se samo hvataš. Ali varaš se. Eto šta je htela da mi kaže, Flora, svojim fenom za kosu i pojasom za spasavanje.

Pa dobro, rekao sam sebi. Tako ćeš daleko dogurati. Ma, zastranio si, stari moj. Guraj, dakle, do kola, hajde. Vrati se, dakle, u provaliju. Jer tamo te čekaju. I usput svrati u apoteku. Eto šta treba da uradiš. Šta se očekuje od tebe da uradiš. Onda to i uradi. Vidiš i sam da je to nastavak. Da postoji neki nastavak. Teraj dalje, onda, stari moj, teraj dalje, i prestani da zamišljaš ne znam šta. Obavezno.

Ah, rekla mi je apotekarka. Možemo da naručimo. Ali stići će tek sledeće nedelje. Opet sam se parkirao nasred ulice, kao i u dolasku. Možda mogu da nađem negde drugde, rekao sam. Uvek možete da pokušate, rekla je ona.

Pokušao sam. Vidi, rekao sam sebi, ovog puta ću pokušati da se parkiram uz pločnik. Sticao sam samopouzdanje. Pokušao sam, dakle. Ipak, odustao. Ostao nasred ulice. Možemo da vam naručimo, rekla mi je apotekarka. Koliko je samo žena u toj profesiji. Ali stići će tek za nedelju dana, precizirala je. Čekajte, rekao sam ja. Kako izgleda taj pojas? Na šta liči? Običan pojas, rekla je ona. Pa onda, rekao sam ja, zašto vi to prodajete? Molim? rekla je ona. Vi ste apoteka, rekao sam ja. I prodajete obične pojaseve za spasavanje. Da, rekla je ona, zašto? Ništa, rekao sam ja. Je li skupo? Malo, rekla je ona. Znate li neki tržni centar? rekao sam ja. Ima li jezera u ovom kraju? Naravno, rekla je ona. Svakako. Pored provalije. Ali zašto? Zašto se ljutite? Ništa, rekao sam ja, poznajete li provaliju? Poznata je ona u ovom kraju, rekla je ona. Bio sam razočaran. Uostalom. Hvala, rekao sam. I krenuo prema provaliji. Našao strelicu, za jezero. Zatim tržni centar, u zaseoku kraj jezera. Proučio sam izlog. Onda sam ušao. Pojasevi za spasavanje, rekao sam. Imate li ih bez patkice? Bez patkice? rekao mi je on. Da, rekao sam ja. Na pramcu. Vaši pojasevi svi imaju patkice na pramcu. Imate li pojaseve bez patkice? Ah, rekao mi je on. Hoćete običan pojas? Da, rekao sam ja. Da vidim, rekao je on.

Nestao je u prostoriji pozadi. Ovo je sve što mi je ostalo, rekao mi je kada se vratio, donekle postiđeno. Na ovome nema patkice na pramcu. Zaista, rekao sam ja. Patkica je bila štampana. Odozgo, u nizu. Površina je bila ravna, crvena. Dobro, rekao sam ja, poslužiće.

Procenio sam prečnik. Isto tako, proverio sam da li ventil ima sigurnosni zatvarač. Imao je. Nesmetano sam stigao do provalije, pomišljajući da sam toga dana bar nešto naučio. Da vozim, rekao sam sebi. Neosporno, darovit sam.

Na ulazu sam zatekao strica. Jeste li se snašli? rekao sam ja. U redu je, rekao je on. A Žan? rekao sam ja. Dole je? Jeste, rekao je on. A, evo, vraća se.

Pa? rekao mi je Žan. Sve je dobro prošlo, rekao sam ja. Sve je dobro prošlo. Osim semafora. Ali naučiću se.

A Flora?

Boli je malo. Carski rez.

A mala?

Mod je dobro.

Ovde, rekao mi je Žan, nije bilo loše. Rože se dobro snalazi, da znaš. Ha, Rože?

Svakako, rekao je stric. Nema gužve.

Ne, rekao je Žan. Ali ipak. Možda sam ja u pitanju. Ideš li? rekao mi je. Stepenicama. Imaš li lift, kod kuće?

Sve je teže disao. Plašio me je. I pričao mi o mojoj kući, sada. Svakako, rekao sam. Šta im je svima? Ma ne. Neću se vratiti nigde pre bazena. Nikada. Bazen je moja donja granica.

Hoćeš li da te zamenim, rekao sam.

Hoćeš li?

Nada, u pogledu tog umornog čoveka. Teškog, takođe.

Naravno, rekao sam ja. Zašto da ne? A šta ćeš ti da radiš za to vreme?

Biću na ulazu. To jest, na kasi. Tako je bolje, zbog računa. Razumeš me. I pustiću Rožea.

Mogu ja da ostanem, rekao je Rože. Snalazim se ja.

Nema ni govora, rekao je Žan.

Dobro, umešao sam se ja. Ali moraš da mi objasniš. Ne poznajem ovu provaliju. Ne poznajem nijednu.

Šta da ti kažem? rekao je Žan. Šta bih ja bez tebe? Ali to može da sačeka do sutra, pokazaću ti sutra. Ne mogu više, tamo. Ali sutra hoću. Pre nego što dođu posetioci. Pozajmiću ti čizme.

Čizme? rekao sam ja.

Da, rekao je on. Zar nisi primetio da oblačim čizme?

Ne, rekao sam ja. U stvari, jesam. Vidim.

Dole je vlažno.

A ostali? Posetioci? Oni koji nemaju čizme?

Upozoriš ih. Pre nego što siđu, kažeš im. Oni koji imaju čizme, neka ih obuku. Ostali, izbegavajte espadrile. I ponesite džemper. U dubini na koju ćemo sići, dvadest i pet metara, ipak, insistiraj na tih dvadeset i pet metara, ha, jasno kaži, tamo vlada temepratura od jedanaest do dvanaest stepeni. Posle vrućine koja vlada napolju, izlažete se opasnosti da nazebete. Tako počinješ, dakle.

Izgleda mi lako, rekao sam.

Tek kasnije, rekao mi je Žan, stvar postaje više tehnička.

U osam sati smo ustali. Doručkovali smo. Umili se, zatim se obukli. Išao sam za Žanom, u stopu, u čizmama, prema ulazu. Bio je to prvi put da prilazim rešetkama. Žan je izvadio ključ, otvorio vrata. Pošli smo niz stepenice. Pred nama, zeleni zidovi, pokriveni lišćem. Potom, kako smo silazili, sve zeleniji, obrasli mahovinom. Sve više lišća. Kao neka paprat. Volovski jezik, rekao je Žan. Treba li i to da im kažem? zapitkivao sam. Ne, rekao je Žan, aspekat vegetacije nikoga ne zanima. Dolaze zbog minerala. To samo tebi kažem. Baš si ljubazan, rekao sam ja.

Naprotiv, rekao je Žan, objasnićeš im gde se nalaze. Kuda silaze. Ovo je krečnjačka pećina, ovde. Rupa u zemlji, u stvari. Nastala od urušavanja, naravno. To im kaži. Ovde se nalazimo u krečnjačkoj pećini.

Prošli smo kroz druga vrata, puna, ovoga puta. Drugi ključ. Stepenište je postalo vlažno. Klizavije. Osetio sam hladnoću. Idući iza Žana, podigao sam glavu. Prešao pogledom preko zida. Tamo gore, svetlost je bila zaslepljujuća. Više nije ulazila. Ali kada se gleda odozdo, od nje kao da je treperilo nebo. Stepenište je bilo zavojito. Primetio sam da je, dole, preprečivši galeriju, pala neka stena. Produžili smo dalje kroz sivilo. Reflektori su ocrtavali udubljenja u zidu, pravili kontraste, naglašavali nijanse. Stena se presijavala. Zatim su se pojavili reljefi, slični onima koje sam zapazio na plakatima na ulazu. Ali manje stvarni. Jasnije su ih ocrtavala ta svetla koja je Žan, pre nego što je sišao, svuda pomalo upalio spustivši one sklopke ugrađene u plakaru. Sećaš se, naravno, rekao mi je, i primetio sam da njegov glas, začudo, nije odzvanjao, razlike između stalaktita i, ali ja sam ga prekinuo. Hajde molim te, rekao sam. Nikako nemoj da govoriš o tome, rekao mi je, nemoj nikoga da uvrediš, pazi. Naravno, rekao sam ja. Možeš imati poverenja u mene. Ovde možete, nastavio je Žan, da se divite lepoti i beskrajnoj istančanosti naslaga, to, u najgorem slučaju, uvek možeš da pomeneš, ali unapred ti kažem, pre svega treba da im pokažeš galeriju. Tu istinski počinješ.

Stigli smo u neki deo koji je bio odvojen, grubo kružnog oblika, blago iskošen u odnosu na galeriju, u stvari, gde je samo ivica blistala u tami, i gde je, procenjivao sam, da bi čovek ušao, trebalo makar malo da povije kičmu. Kamen koji je bio pao, čija jedna strana se širila, naporedo sa zidom je oblikovala uzan prolaz kroz koji je pogled, u početku, teško prodirao, a zatim bi naišao na bezmalo mrklu noć, ispresecanu žutim svetlom sa reflektora u daljini. Odozdo se čulo kako kaplje.

Sve u svemu, dakle, bilo je mračno, ili tačnije, slabo osvetljeno, naprosto rečeno. S vremena na vreme, pogledao bih u tlo. Gacali smo po vodi. Žan je započeo ozbiljnu posetu, i kao što smo se bili dogovorili, ja sam hvatao beleške. Poneo sam neku sveščicu. Ponekad bih ga zamolio da ponovi. Stub, rekao bi on. Naprosto. Kapija. Čekaj, rekao sam ja, šta ti je to? Govoriš prebrzo? rekao je on. Ne, rekao sam ja. Hodaš prebrzo. Nisam imao vremena da vidim.

Zastali smo. Potom sam ga zamolio da se vratimo. Hteo sam da osvojim teren. Zadivljujuće, rekao sam.

Sviđa ti se? rekao je on. To nije prava reč, rekao sam ja. Izgleda mi. Trebalo bi da se malo više razvijaš, rekao mi je on. Vidiš, tamo, ono su čuvari. Ona dva stalagmita. Čuvari kapije. Ako ima dece, na primer, kažeš im, a sada, ako ima dece (napraviš se kao da ih nisi video, u pomrčini) dece, dakle, kažeš ti, koja hoće da zamole čuvare za dozvolu da prođu kroz kapiju, u redu. Onako šaljivo, pazi. Da ih opustiš. To malo razbija led.

Da, rekao sam ja. Možemo li da se vratimo nazad? Kako to? rekao mi je on. Šta hoćeš da vidiš?

Mamutovu kljovu, rekao sam ja. Ali neću da je vidim. Hteo bih da mi ponoviš. Šta se vidi.

Vratili smo se nazad. Ovde, rekao mi je Žan. S vaše leve strane, možete da vidite neku uspravnu crnu liniju. I tu liniju seče nešto kao beli štap. Da li svi dobro vide? Priđite, ne ustežite se da priđete. Tu, jeste. To je u stvari mamutova kljova. Njena starost procenjena je na tri stotine hiljada godina. Podsećam vas da je ova provalija, u kojoj je otkriveno mnogo raznovrsnih životinjskih kostiju, za šta ćete primere uskoro videti u našem malom muzeju, kraj ulaza, predstavljala prirodnu klopku. U stvari, dodao je on čudnim šapatom, ne zadržavaj se previše na kljovi. Treba da gledaju. A u krajnjoj liniji, vide ono što žele. Uvek mnogo više insistiraj na kamenu. I podseti ih da ovde nikad nije nađen ni najmanji trag ljudskog prisustva. Paradoksalo, to im se dopada. Impresionira ih. Uostalom, istina je. U redu?

Da, rekao sam ja. U redu.

Brzo sam zapisivao. Nisam sve. Vratili smo se do kapije. Prošli smo kroz nju. Obišli smo sugestivne oblike. Ukrućen penis, dojka. Obla dojka, bela, uspravno uzdignuta, visoka poput čoveka. Dodirnuo sam je. Osećam se kao kod kuće, rekao sam. Naravno, rekao mi je Žan. Ali ne pipaj ništa pred drugima, pazi. Naravno, rekao sam ja.

Nastavili smo ka izlazu, i Žan je još pričao. Tlo se dizalo, neprimetno, i na njega se odjednom nadovezale stepenice. Neki natpis koji je podsećao da se ne zaboravi na vodiča. Ah, rekao je Žan. Kad smo već kod toga. Traži napojnicu. Da deluje ubedljivo. Osim ako, rekao mi je. Želiš li da ti platim?

Izgubio sam posao, rekao sam ja.

Ne, rekao je on. Nije moguće.

Jeste, rekao sam ja, dešava se. Ali ja.

Daje se stalna plata, rekao mi je Žan. Nije mnogo velika, ali zajedno s napojnicama, blizu je minimalca. Malo ispod. Nevolja je u tome što uglavnom zatvaramo krajem oktobra. Ovde zimi nema posla. Osim toga, tu je i ona mala. To je njeno mesto. Trebalo bi da nađeš nešto drugo.

U međuvremenu, rekao sam ja.

U međuvremenu, naravno. Ali mislio sam na Mod. Biće tesno.

Znam, rekao sam ja. Ali nije strašno. Nisam joj ja otac.

Izišli smo na proplanak, kroz vrata koja je oivičavala izdvojena zgrada, udaljena od drugih, sagrađena, to sam shvatio kada sam se osvrnuo, samo u tu svrhu. Da bude postavljena oko vrata. To je u stvari bila njihova kućica, kućica za vrata, samo za njih. Sa ogromnim podrumom, naravno. Dopalo mi se. Lažna kuća.

Ne shvatam dobro, rekao je Žan.

Mod, rekao sam ja. Nisam ja njen otac. Floru sam upoznao tek prekjuče.

Prineo je, baš kao što rade stare dame, ruku ustima. Tako nešto se ne izmišlja.

Nije moguće, ponovio je.

Jeste, rekao sam ja. Na bazenu.

Ah, rekao je on.
Kao da je shvatio. Zbog bazena. Za njega, očigledno, to nije bilo isto, na bazenu. Ako je na bazenu, onda može. Onda čovek može da ne bude otac. U bioskopu, u sali, ne znam.
Ali onda otac, rekao je on. Ipak. Taj tip.
Ne znam, rekao sam ja.
Pazi, rekao je on.
Razmišljao je sam za sebe. Tako mi je izgledalo bolje.
Pazi, nastavio je, to u stvari i nije problem.
Potpuno sam se slagao. Dopunjavali smo se. Dodao sam još:
U stvari, nisam siguran da me Flora voli. Više je to u pitanju.
Ne poznajem je dobro, rekao je Žan. Ona mi je samo sestra.
Ja svoju, rekao sam ja, dobro poznajem.
Ma nemoj?
Ali neću sada da ti pričam o svojoj sestri. Bolje ti meni pričaj o svojoj.
Dobra je, rekao je Žan. Mnogo je volim. Razgovarali ste malo, vas dvoje, reci mi.
Dosta smo razgovarali, rekao sam ja, ali ne uspevam. Ne uspevam da saznam.
Pa šta si onda kog andraka dolazio ovamo? rekao mi je on. Šta si mislio?
Nisam razmišljao, rekao sam ja. Nisam dovoljno razmišljao. Prosto sam došao. Ona je htela da dođem.
Tražila je to od tebe?
Ne znam više.
Ah, rekao je Žan, zbunjuješ me.
Ne bih voleo da ti zbog toga bude neprijatno, rekao sam ja.

Ne, ne, rekao je on. U stvari, nije mi neprijatno. To je vaša stvar. Nego zbog Flore.

Kako to?

Neće shvatiti zašto te držim ovde. Ako te ne voli.

U stvari, rekao sam ja, ni to nije izvesno. Možda me i voli. Ili će me zavoleti. A osim toga, ja nju volim.

To ga je dirnulo. Isto tako, nateralo ga na razmišljanje. Iz kojeg se, posle nužnog ćutanja, vratio kao probuđen. Naglo.

Kako to? rekao je on. Za dva dana?

Ne, rekao sam ja. Ja sam je već voleo, tamo na bazenu.

Da, rekao mi je on. (Izgledalo je kao da se ponovo zamislio, ali manje, mnogo manje.) Kažu da se to dešava. A osim toga, ja tamo nisam ni bio.

Možeš mi verovati, rekao sam ja. Još od bazena.

Osećao sam da tu, u bazenu, ili u reči bazen, ne znam tačno, imam težak argument. Možda je bio osetljiv na izvesne reči, možda su one, tek tako, kod njega pokretale nešto. S ljudima se nikad ne zna.

Dobro, rekao mi je. Onda ćemo se praviti kao da.

Kako to, rekao sam ja, kao da?

Ostaćeš oovde. Pomagaćeš mi oko provalije. I čekaćemo.

Šta ćemo čekati?

Imaš li neki drugi predlog?

Bilo mu je svejedno. To je bio prvi put. Poput njegove sestre. Dobro. U redu.

Ne, rekao sam ja. Ne izgleda mi loše. Razumno je. To je razumno rešenje. Da.

Popodne sam vodio u svoj prvi obilazak. Mala grupa od sedam osoba, odnosno, dva para sa decom, koja su trčkarala na sve strane, vikala, sve dodirivala, svuda htela da se veru, a Žan mi nije govorio o disciplini. Improvizovao sam. Smirite se, rekao sam. Ne pipajte stalaktite. I ćutite. Ovde smo u provaliji, i ništa nam ne govori da ćemo izići. Šalim se, dobacio sam roditeljima. Jer, ovde, nastavio sam glasno, i najmanji udar može za sobom da povuče posledice. Ozbiljne posledice. Iz tog razloga, dodao sam blago spustivši glas, neću govoriti previše glasno. U protivnom, tamo gore, kvrc. Odlomi se. Gledajte. Šiljate stvari. Stalaktiti, jeste. Sada ćemo ući u pravu zamku za zveri.

Malo sam tumačio ono što mi je rekao Žan, dakle, ali sam imao mir. Deca su ućutala. Nisu trčala. Pokazao sam im mamutovu kljovu, bez zlobe. Za ozbiljan obilazak, vratio sam se Žanovim rečima. I brošuru sam nabubao. Sviđa mi se ovo mesto, rekao sam odraslima kada je došlo vreme da završim. To je pomalo moje vlasništvo. Zato ga branim. Razumete. Ne zaboravite na vodiča.

Čeprkali su po džepovima. Ja sam pružio ruku. Izišli smo na sunce. Pustio sam ih da pođu ispred mene prema proplanku i ostao na vratima. Obožavao sam onu kućicu u kojoj nije bilo ničega. Njen kosi krov, na jednu vodu. Provaliju, ispod nje, nenaslutivu. Nisam ni pomišljao na svoju aktovku. Nisam više sa sobom nosio prazninu, šetao sam se. Napredujem, napredujem, rekao sam sebi.

Nisam ja bio glup. Znao sam da je, u celini, sve propalo, da čuda neće biti. Flora me neće voleti više kada bude izišla iz bolnice. Ali ja ću se uhvatiti. Nisam znao za šta, međutim, nisam znao za koga. Žan. On me je ohrabrivao. Njegova naivnost. Poželeo sam da verujem u nju. On ništa nije rekao, istina. Pa onda. To ništa ne smeta. Imao sam poverenja u njega. Čim bi on nešto rekao, ja bih u to poverovao. Pa čak i ako ništa ne bi rekao. Bio sam tu. Kao kod kuće. To mi je, upravo, on i rekao, a meni je sada bilo pomalo teško da poverujem. Ali sam želeo. U stvari, govorio sam sebi, sve je to pitanje želje. Želim da ostanem ovde. Želim da mi tu bude dobro. Stvar ne može baš toliko da se pogorša.

Sledećeg dana sam ponovo otišao u bolnicu. Imao sam sudar. Samo ulubljen lim, ništa više. Ali sam bio ljut. Nisam hteo previše da zatežem konopac. Žan je imao samo jedan auto.

Poljubio sam Floru kratko, pružio joj pojas za spasavanje, ona se pobunila. Nije ti smešno, rekao sam. Ne previše, rekla je ona. Razumem, rekao sam ja.

Zaista, razumeo sam je. I sam bih oklevao da sednem na taj pojas. Priznao sam, ponizno, da se nisam prevario kada sam pomislio da bi, pošto treba da sedne na patke, čovek mogao odlučiti da se nasmeje dok seda na njih. Čak ni bez pataka nije bilo zabavno. I ambijent, u sobi, bio je u istom duhu. Čak sam pitao Floru da li joj smetam. Ne, rekla mi je ona. U svakom slučaju, nisam imao želju da je vidim. Imao sam želju da budem s njom. A ona nije bila tu. Otišao sam da vidim Mod.

S njom je bila sasvim druga stvar. Prepoznala me je. Uhvatila me za prst. Lepo sam video da se nešto dešava. To dete, govorio sam sebi. Nisam ga napravio, u redu. A nisam je ni izmislio. Ona postoji.

Kratko sam ostao u bolnici, pošto nisam želeo ni kod Mod da se zadržavam. Mod bez majke, na kraju krajeva, to nije to. Otkako se rodila, znao sam to, stalno sam imao potrebu za majkom, majkom za nju. To je i dalje trajalo. Osećao sam istu potrebu. A potreba, govorio sam sebi, to je pomalo kao želja, ima izgleda da potraje. Da sačekamo, dakle.

Vratio sam se do provalije. Preneo vesti Žanu. Sutra, rekao sam, treba ti da odeš. Imaš prava da je vidiš. Samo treba da ponovo pozoveš strica, zbog kase.

Tako smo se dogovorili. Uzgred sam pitao Žana da li Flora nekoga poznaje. Nikoga drugog. A on. Nikad nikoga ne viđam, u bolnici. A opet, pričao si mi o svojoj porodici, rekao sam.

Nisi me pažljivo slušao, rekao je on. Svi su mrtvi.

Ah, rekao sam ja.

Mogao sam biti rasejan, istina. Nisam ga gnjavio oko prijatelja, mogućih prijatelja. Plašio sam se da su i oni mrtvi. Mada baš nisu deo porodice.

Uveče smo večerali s konobaricom. Ona je ostala, na Žanov poziv. Bila je pomalo deo porodice, u stvari. Tako mi se učinilo. Nisam ih video kada razgovaraju, njih dvoje, ali opet, nisam ni bio sve vreme tu da bih sve video. Između jela, ona nas je posluživala. Nikad stvarno za stolom, dakle, slatkorečiva. Dobro se razumela s njim. Čak sam se pitao da li, u suštini, ali se radije nisam upustio u to. Pred sobom sam imao samo izvesnosti. Mada, oko sira, ne bih se zakleo, ali mi se učinilo da su im se na ivici tanjira, povodom noža koji su jedno drugom dodavali, ruke dodirnule. Odmah sam naslutio, po uzdržanosti, da među njima postoji neka davnašnja veza koja je te večeri možda malo prejako svedočila o istrajnosti, odnosno tvrdoglavosti. Da je Žan, mada je izgledao sasvim drugačije, bio uzdržan, to sam znao, ali tu je bilo, učinilo mi se, u toj napetosti s kojom su jedno drugo izbegavali, nekakvog preterivanja. U stvari, njihov razgovor, previše sistematski uopšten, lišen središta, ponekad, uz skretanja ka međunarodnim aktuelnostima, što nikoga nije moglo zavarati, ubrzo je otkrio, pod uticajem vina, kostur na kojem se održavao. Suzan, rekao je Žan, u nekom neodređenom trenutku, ili u trenutku koji mi se učinio kao neodređen. Još se nije bio obratio imenom konobarici u mom prisustvu, i pomislio sam, to je to. Bezmalo to. Lik, dodao je on. Shvatio sam, saslušavši nastavak, da me uključuje u neki plan posle večere, i najpre sam pomislio da je to tek reda radi, zato da bih bio pregrada između njihovih stidova, ali ne zato, ili ne samo zato. Žanu je, kasnije sam to shvatio, bilo važno da i mene uključi. Morao sam da se spremim, za tu priliku, da budem sasvim neprimetan, što mi, iskreno govoreći, baš i nije u naravi, ali sam bez muke pristao na tu žrtvu.

Oboje nas je poveo u muzej. Sećate se da Žan ima svoj muzej, kraj ulaza. Tamo smo razgledali kosti. Suzan, uprkos svojim solidnim znanjima o politici, i uprkos trapavosti svojih izbora, zbog kojih je ostala bliska vremenu IV Internacionale, uz nijanse koje je objasnila tokom večere, lupajući nejakom pesnicom po stolu, još je bila mlada, i vino ju je teralo da se jače ljulja na izvestan način. Morala je da se oslanja na ormare, vitrine, u kojima se nalazila mikrofauna. Ptice, vodozemci, glodari, komentarisao je Žan, držeći je ispod pazuha. Idi vidi tamo, rekao je meni. Žbica. Velika žbica. Stići ćemo te. Mogu sam da je pridržavam.

Lepa žbica, zaista, od dlakavog nosoroga, na kraju smo je sve troje posmatrali zajedno, mlitavo naslonjeni na ormar. Nisi ga video, ovaj muzej? rekao mi je Žan. Nisi ulazio ovamo?

Nije sumnjao u mene, u stvari. Ali uverio sam ga. Nisam preduzimao ništa što mi prethodno nije bilo dozvoljeno. Samo sam hteo da mu učinim uslugu. Da sledim njegova uputstva. Ništa više. Ali bio sam zadovoljan što mi je pokazao muzej. Sada sam video sve, u provaliji.

Ti si moj prijatelj, rekao mi je on.

Preterivao je. Bio je popio. Ali to mu nisam rekao. Treba malo više vremena da se iskuje prijateljstvo, pomislio sam. Da se prevaziđe čista korist. To je bilo ono što sam želeo, naravno. Da nam bude dobro kad smo zajedno, bez zlobnih primisli. Ali potreba koju sam imao za njim još mi je izgledala ograničena. Još sam ga smatrao za vodiča. Kud god da sam pošao, nisam lako nalazio put.

On je, naprotiv, imao za mnom potrebu čiju sam širinu počeo više da cenim te večeri. Kada smo izišli iz muzeja, još smo pili. Na kraju je napravio pokret u pravcu Suzan. Neku vrstu otvorenog dodirivanja. Ona se topila. Diskretno, ali se topila. Preda mnom. Pomalo sam imao želju da umrem, u tom trenutku, ali me je prošlo. Nisam se osećao isključen. Uostalom, nisam sumnjičio Žana za egzibicionizam. Pre mi se čini da me je osećao kao svedoka. Taj utisak nije me napustio ni kada je on malo opipao teren, i sa te strane.

Sledećeg dana, kao što je bilo predviđeno, nisam otišao da posetim Floru. Ni Mod. Malo sam pao u očajanje što sam došao dotle, što sam morao da ih zanemarim, ali nije mi bilo teško, u stvari. Više mi nije bilo teško. Bio sam odlučio da ih sačekam. Dan sam proveo između provalije i ulaza, u razgovoru sa stricem. On je, ukratko, bio jedan od preživelih. Naterao sam ga da mi priča o svojoj porodici, on mi je opisao pokolj. Ukratko. Nije više jadikovao. Previše star. Cenio je Žana, i žalio što ga ne poziva češće. Priznavao da se, osim aktivnosti u opštini, koja mu oduzima pedeset posto vremena, dosađuje. To bi se moglo srediti, rekao sam ja. Potrebni ste ovde. To primećujem svakodnevno. A Flora? dodao sam ja. Niste išli da je posetite? Ona vam je bratanica, zar ne?

On je odmahnuo rukom. Ne kao da je isključuje, ne. Pre, kao da hoće da kaže kako nema potrebe. Kako, uprkos godinama, ima vremena. One će doći, obe, do provalije. Kroz nekoliko dana. On će biti tu, tada. Ako sve prođe dobro. Pa će onda. Izvukao je neki zavežljaj ispod stola. Veliki zavežljaj, poklon, u obliku kocke. Vidiš, rekao mi je. Predvideo sam.

Sledećeg dana, otišao sam u bolnicu. Imao sam osećaj rutine. Osim Mod. Više sam joj govorio, ovoga puta, i ona kao da me je slušala. To me je ohrabrilo. Tvoja majka, rekao sam joj. Zatim sam ućutao. Na pedagoškom planu, držao sam do toga da ne napravim nikakvu grešku. Flori sam rekao samo da sam shvatio. Da je gotovo, za nas dvoje. Da je, ipak, bilo dobro. Čekaj, rekla mi je. Uzdrhtao sam, ali ne baš toliko. Bio sam na oprezu.

Sve ide dobro. I dosta mi je bolova, ovde. Sutra se vraćam.

Sačekao sam. To nije bilo dovoljno. Ne zato što se ona vraćala sutradan. Lepo sam mogao da odem u provaliju, ne bi me pronašla tamo. Ne nužno. Rekao sam joj da sam, za sada, u provaliji. Pomažem Žanu. I Žan, isto tako, sigurno, i on joj je rekao. Ali da živi sa mnom, očigledno. To je nešto drugo.

Sutra se vraćam kod brata, rekla je ona. Sa Mod.

Sledećeg dana, otišao sam po njih dve, u bolnicu. Žan mi je, uprkos svojoj uznemirenosti, dopustio da to učinim. Objasnio sam mu da, ni meni, ni Flori, ni Mod, nikako, sudar ne bi nimalo odgovarao. Da to nije zato što sam mu ulubio lim. Ne plašim se više, sada, rekao sam mu. On mi je poverovao. Dirnulo me je njegovo poverenje.

U bolnici smo se oprostili od osoblja. Osećao sam se tako ispunjen ljubavlju toga dana da umalo nisam sve žive poveo sa sobom. Preterujem. Ipak sam pitao za vesti o bolničarki, onoj iz podruma. Nisu znali o čemu je reč. Velika je to bila bolnica, ali ipak. Pala je, rekao sam im. Onesvestila se u podrumu. Zar ne?

Ne. Naročito sam pazio da se pozdravim sa babicom. Govorio sam joj o stažisti. Razmotrili smo, zajedno, mogućnosti da podnesemo žalbu. Mnogo nam je pomogla, rekao sam Flori kada smo pošli. Složila se. Možeš li da hodaš? rekao sam joj. U redu je, rekla je ona. Postavio sam joj još jedno pitanje, nije važno koje. Opet se složila. Ali nisam iskorišćavao svoju prednost. Nisam joj više postavljao pitanja. Čini mi se da joj je bila potrebna tišina. Vreme da se navikne. Ja sam nosio Mod. Flora je sedela pozadi, na pojasu za spasavanje, sa nosiljkom kraj sebe. Vezala se, ipak. Insistirao sam na tome.

Stigli smo do provalije bez teškoća. Vozio sam lagano, malo previše lagano, možda. Flora se uplašila zbog toga. Predložio sam joj da požuri. To je bio jedini put, toga dana, da se u nečemu nije složila sa mnom. To me je zagrejalo.

Kod provalije nas je čekao Žan. I stric je bio tu, i mlada Suzan. Sve troje su stajali ispred ulaza. Nisu bili sami. Iza njih je čekala neka grupa. Kada smo stigli, stali su uz ono troje. *Hello!* povikao je neko. Englezi. Davali su nam znak. Čekali su nas. Žan im je očigledno rekao, u poverenju. Bilo mu je stalo da napravi slavlje. Svi su se izljubili. *Hello!* rekao sam ja. Stezao sam ruke. Flora, veoma bleda, prelazila je sa grudi na grudi, prepustila je Mod stricu. Dete je kružilo naokolo. Da popijemo nešto, rekao je Žan.

Ponovo smo se našli na terasi. Suzan je služila. Englezi su se raspojasali. Mesto im je izgledalo fantastično. Ljudi. Služen je alkohol. Ubrzo ćete, rekao je Žan, ići da vidite provaliju, ipak. Govorio je francuski. Na sreću, i Englezi su. Naročito jedan. Ima vremena, rekao je on. Na odmoru smo. I mi smo, rekao je Žan. Ovo je poseban dan. Pogledom je tražio Suzan. Nalazio je. Smejao se. Ja sam se osmehivao. Posmatrao sam ih krišom, oboje. Vidi se, govorio sam sebi, dok mi je Mod ležala na levom laktu. Rasejano sam je ljuljuškao. Ona je plakala. Flora, rekao sam. Ona je gledala na drugu stranu, slušala ne znam šta. Koje glasove. Da, rekla je. Uzela je dete. Odnela ga unutra, pored šanka. Sela na stolicu. Video sam ih sa mesta na kojem sam bio. Trudile su se, obe. Evo, rekao sam sebi. Evo. Dobro, rekao je Žan. Da nalijemo još po jednu. Tužno je kad su čaše prazne.

Suzan nas je ponovo poslužila. Ostavila je boce na stolu. I sami smo sebi dolivali. Englezi se više nisu uzdržavali. Ako se ovako nastavi, rekao sam sebi, počeće da pevaju. Dobro, rekao je Žan. Hoćemo li da vidimo tu provaliju. Svi zajedno. To će ih razmrdati, došapnuo mi je. Malo vazduha. U redu, idemo za vama, umešao se Englez. Imate čizme? rekao sam mu. Sišli smo s terase. Žan se spotakao. Ja sam ga uhvatio. Pa dobro, rekao sam. Ti ćeš ih voditi u obilazak, rekao je on. Svakako, rekao sam ja. Ništa se ne menja.

Stao sam na čelo grupe. Stigli smo do vrata. Vrata provalije. Čekajte, rekao sam. Pretražio sam džepove. Idiotski, rekao sam. Zaboravio sam ključeve. Ostanite tu. Vraćam se.

Krenuo sam prema ulazu. Pored stola, na zidu, našao sam ključeve. Okačene o klin. Uzeo sam ih. Ponovo izišao. Vratio se grupi. Zbijenoj. Teturavoj. Držali su se jedni za druge. Evo, rekao sam. (Pokazao sam im ključeve.) Sad možemo da krenemo.

KRATKO PUTOVANJE PO *VELIKOM STANU* KRISTIJANA OSTERA

Neobično je kako se ponekad prevodiočev život ukršta s tekstom koji prevodi. Nedavno su mi, u Parizu, na aerodromu izgubili putnu torbu. Nije to bila tašna s dokumentima, aktovka, nego pre sportska torba sa stvarima neophodnim za kratko putovanje. Bez peškira, koji samo opterećuju svojom težinom. Ni ključeva nije bilo. Izgubili su mi torbu, zaturili je, tačnije rečeno. A krenula sam s namerom da, slobodna od vezivanja za bilo koje mesto, nekoliko dana provedem sama sa sobom. Naći ćemo vam torbu, rekli su. Nadam se da je tako, rekla sam ja. A gde da vam je dostavimo? kazali su oni. Pa znate, to mi je teško da vam kažem, ni sama ne znam gde ću biti. Možda bi moja prijateljica mogla... Dajte, dajte adresu, hvataju se oni za prvu slamku. Dobro, ali ona uglavnom nije kod kuće, ni kad je u Parizu, a i ne znam da li je sada uopšte u Parizu... Neka, samo vi dajte. Ali, doći ću ja... Ne, ne, moramo vas negde naći, naći ćemo vas.

Pristajem na klopku, u prvom trenutku, sedam u voz i krećem sa aerodroma u grad. Vožnja je duga, imam vremena da razmišljam. Ali, ja neću da me bilo ko nađe, koga budem htela da nađem, naći ću ja! Zovem aerodrom: da li ste našli torbu? kažem. Jesmo, kažu mi oni, gde da vam je dostavimo? Ama, doći ću po nju... Ne, to nije moguće, ko zna gde je sada vaša torba, šeta se po gradu, ljudi vas traže, da vam je dostave. Dok me nisu pronašli, dok me nisu naterali da budem na određenom mestu u određeno vreme, nisu se smirili. Potrajalo je to dva dana. A u međuvremenu?

U međuvremenu sam sedela u nekom kafeu, telefonirala. Zvala prijateljicu, koja, naravno, nije bila kod kuće, a i zašto bi? Morala bih da je nađem, šta će se inače desiti? Desiti sa čime, pitam se, ali kasno, šta će se desiti sa čime, kada sam već odlučila da torba nije važna, da sam došla zbog nečega drugog, a ne zato da bih dopustila da me traže, da zahtevaju od mene da zauzmem neko mesto, da ostanem na nekom mestu, i da čekam? Zašto? Čudne stvari radimo ponekad, i ne znamo zašto, radimo ih puštajući da nas drugi vode, a potom, i to je ono najgore, potom osećamo da smo žrtve tuđe odluke.

Dugo sam tako oklevala, onda ušla u prvi hotel koji se ukazao preda mnom. Da, prepoznala sam ga, upravo sam čitala o njemu, evo maločas, u kafeu, između dva telefoniranja: tesne, zavojite stepenice, mala, ružna, ćoškasta soba, mrzovoljan portir, imate ključ, znate broj, šta više hoćete. Nisam se odmarala, ne. Čovek samo kod kuće može da se odmori. Čitala sam knjigu zbog koje sam i pošla u Pariz, knjigu zbog koje sam došla u Pariz kako bih je prevela.

I tako sam počela da prevodim *Moj veliki stan* Kristijana Ostera. Odlučila sam da ovaj uzgredni doživljaj podelim sa vama jer mi je pokazao kako junak Kristijana Ostera može biti svako od nas, u određenim trenucima, pod određenim okolnostima. „Često mi kažu da pišem sentimentalne trilere, intimističke romane. A ne treba zaboraviti ni na premeštanje", rekao je Kristijan Oster nedavno u jednom intervjuu. „Sve moje knjige idu paradoksalnim putevima. Junaci se kreću u smeru suprotnom od onog početnog, stvarnog ili simboličkog. Paradoks je uvek smešten u središte mojih knjiga. Pisati, u meri u kojoj je to moguće, jeste iznenađivati. A paradoks je dobar način da se stvori iznenađenje, zar ne?"

Kristijan Oster rođen je 1949, radio je kao knjižar, i sad radi kao korektor, pisao detektivske i dečije romane pod pseudonimima. Prvi roman pod svojim imenom, *Odbojka*, objavio je 1989. godine. Posle toga je objavio romane: *Avantura* 1993, *Most Arkej* 1994, *Pol na telefonu* 1996, *Piknik* 1997, *Daleko od Odil* 1998. Za *Moj veliki stan*, objavljen 1999. godine dobio je nagradu Medisi. Zatim su usledili *Kućna pomoćnica*, 2001, roman po kojem je Klod Beri 2002. godine snimio istoimeni film, *U vozu* 2002, *Susreti* 2003. i *Nepredviđeno* 2005. godine. Kristijan Oster objavljuje kod jednog od najvažnijih francuskih izdavača, *Minuit*, i spada među autore koji se ne ustručavaju da dirnu ni u nezgodne teme, od seksualnih do političkih. Ipak, u njegovim delima na prvom mestu je književno istraživanje. Prevođen je na nemački, engleski, španski, italijanski, poljski, češki i druge jezike.

Priče Kristijana Ostera su jednostavne, ako pod jednostavnim podrazumevamo da se mogu prepričati u nekoliko reči. Međutim, reč je o nečemu drugom. *Moj veliki stan* mogao bi se nazvati maleckom odisejom, prekidanom i nastavljanom, ali bez povratka na polaznu tačku. Reč je o stalnom kretanju, koje je inače svojstveno Osterovim junacima, istinskom premeštanju, koje nije samo geografsko. Naime, osim onoga što se dešava, veliku ulogu igra pogled Kristijana Ostera na junake, reči koje koristi kako bi ispričao to što vidi, ritam njegove rečenice, koja prati ritam disanja pripovedača.

„Svi moji likovi su uglavnom slabo određeni", rekao je jednom prilikom Kristijan Oster. „Moji junaci uvek rade neke trgovačke poslove, u stvari i nemaju neke kvalifikacije. To je moja slika o sebi. Nikako ne dolazi u obzir da pripovedač piše. Oduzeo sam mu svoje atribute pisca! To je neko ko se ne posvećuje profesionalnom životu, ko je uvek manje-više promašen. Volim da pišem o trenucima kada pripovedač ima razloga da bude rastrojen. Ta rastrojenost izobličava njegovo opažanje."

„Zovem se Gavarin, i hteo bih nešto da kažem." Tako počinje *Moj veliki stan*. Dve rečenice, gde posle prezenta sledi kondicional, što upućuje na pragmatično shvatanje jezika jer, za Gavarina, govoriti jeste raditi. Ne treba da nas zavara prividna jednostavnost ove prve rečenice, ona predstavlja ključ za izvanrednu veštinu s kakvom Kristijan Oster vodi krivudavu misao pripovedača kroz prividno lake ili prividno teške jezičke obrte. Pošto je Gavarin izgubio ključeve, zaturene na dnu aktovke, *Moj veliki stan* postaje priča o lutanju. Lutanju u koje se svako može upustiti jednoga dana, voljan da poremeti ustaljeni tok stvari, da pobegne od onoga unutra, da krene drugim putem, da unese promenu.

Aleksandra Mančić

Kristijan Oster MOJ VELIKI STAN • Izdavačko preduzeće RAD Beograd, Dečanska 12 • Glavni urednik NOVICA TADIĆ • Grafički urednik MILAN MILETIĆ • Lektor i korektor MIROSLAVA STOJKOVIĆ • Za izdavača SIMON SIMONOVIĆ • Štampa Elvod-print, Lazarevac • Primeraka 500 • ISBN 86-09-00912-2

CIP – Каталогизација у публикацији
Народна библиотека Србије, Београд

821.133.1-31

ОСТЕР, Кристијан
    Moj veliki stan / Kristijan Oster ; s francuskog prevela Aleksandra Mančić. – Beograd : Rad, 2006 (Lazarevac : Elvod-print). – 174 str. ; 19 cm. (Reč i misao ; knj. 568)

Prevod dela: Mon grand appartement / Christian Oster. – Tiraž 500. – Str. 171–174: Kratko putovanje po velikom stanu Kristijana Ostera / Aleksandra Mančić.

ISBN 86-09-00912-2

COBISS.SR-ID 128620300